제3신분이란 무엇인가
QU'EST-CE QUE LE TIERS-ÉTAT?

책세상문고·고전의 세계

제3신분이란 무엇인가
QU'EST-CE QUE LE TIERS-ÉTAT?

E. J. 시에예스 지음

·

박인수 옮김

책세상

일러두기

1. 이 책은 1789년에 나온 시에예스Emmanuel Joseph Sieyès의 《제3신분이란 무엇인가 *Qu'est-ce que le tiers-état?*》를 완역한 것이다.

2. 이 책을 옮기면서 브르댕Jean-Denis Bredin의 서문을 붙인 《제3신분이란 무엇인가 *Qu'est-ce que le tiers-état?*》(Paris: Flammarion, 1988)를 번역 대본으로 삼았다.

3. 주요 인명과 책명은 최초 1회에 한해 원어를 병기했다.

4. 저자의 주는 '(저자주)'로, 옮긴이의 주는 '(옮긴이주)'로 표시했으며, 모두 후주로 처리했다.

5. 해제의 주는 모두 옮긴이주이다.

5. 맞춤법과 외래어 표기는 1989년 3월 1일부터 시행된 〈한글 맞춤법 규정〉과 《문교부 편수자료》를 따랐다.

제3신분이란 무엇인가 | 차례

프랑스 대혁명의 도화선이 된 시에예스Emmanuel Joseph Sieyès의《제3신분이란 무엇인가*Qu'est-ce que le tiers-état?*》는 1789년 초에 출판되어 이후 프랑스뿐만 아니라 독일·영국·미국·미국·이탈리아·에스파냐·일본 등 수많은 국가에서 수많은 사람들에게 읽혀왔다. 이를테면 사회과학 분야의 고전 중의 고전인 셈이다.

사회과학 분야의 고전을 제대로 읽기 위해서는 그 책이 태어난 역사적·사회적 배경과 선행 이론에 관한 이해가 필요하다. 이 책은 루이 16세 치하의 정치·경제·재정적 문제에 대한 해결책을 제시하려는 한 지식인의 사회 진단과 처방에 해당하므로 루이 16세 시대의 정치 상황과 정치 원리에 대한 이해가 먼저 요구된다.

절대 왕정기에 속하는 루이 16세 시대는 정치적 특권을 누리는 귀족과 귀족의 이익을 옹호하는 고등 법원이 지배하던 시대라고 볼 수 있다. 미국 독립 전쟁 등에 대한 대외적인 전쟁 지원과 국가 재정 곤란 등으로 계속되는 사회적·경제적 위기를 극복하기 위해 루이 16세는 여러 차례 수상을 교체해 가며 방안을 강구했다. 그러나 매번 특권 신분 귀족들과 고등법원의 저항에 부딪혔고, 오히려 잦은 내각 교체로 정국만 더욱 불안정해졌다. 이러한 상황에서 사회 여론이 삼부회 소집을 요구하게 되자 루이 16세는 수차례 망설인 끝에 결국 1788년 7월 5일에 삼부회 소집 결정을 내렸다. 그는 삼부회 소집을 공고하면서 지식인들에게 삼부회의 역할에 대한 의견을 상호할 것을 내각령으로 명했다. 이 내각령에 따라 많은 상소가 있었으며, 그중 많은 내용이 팸플릿이나 책 같은 형태로 유포되어 일반인에게도 읽히게 되었다.

시에예스의 《제3신분이란 무엇인가》는 이러한 배경 속에서 《특권론 *Essai sur les privilèges*》에 대한 속편으로 1788년 11~12월에 씌어졌으며, 1789년 1월 초에 익명으로 출판되었다. 이 책은 당시로서는 대단히 보기 드문 힘찬 필력의 건조체로 기술되어 있다. 시에예스는 좀더 기억에 남을 수 있도록 간결하면서도 강한 문체를 유지하는데, 단순화한 노골적인 표현은 여론을 확보하고 흥분을 불러일으킬 수 있었다. 여기서 시에예스의 탁월한 재능을 엿볼 수 있다. 이러한 표현법은 현대의 정치적 담화문의 예시가 되기도 한다. 그러나 이처럼 문장 표현에서 빼어났던 것과 달리 시에예스는 대화, 연설, 웅변에서는 그다지 두각을 나타내지 못했다.

《제3신분이란 무엇인가》는 모두 6개의 장으로 구성되어 있다. 내용 면에서 사회적 진단에 해당하는 부분과 사회적 처방으로 볼 수 있는 부분으로 나뉘는데 각각에 3개의 장이 할애된다. 전자는 신분 사회를 종식시키는 국민nation의 개념을 명확히 하는 데 치중하며, 후자는 헌법 이론과 정치사상 면에서 신기원을 열고 있다.

이 책을 통해 시에예느는 특권 신분인 귀족은 이제 더 이상 아무것도 아니며 국민과는 다른 세상에 존재하고 있다고 선언함으로써 귀족들을 불안하게 만들고, 심지어 전율하게 만들었다. 그는 귀족을 제거되어야 할 악성 종양으로 보았던 것이다.

사제였던 시에예스는 이 책을 통해 독자들에게 귀족과의 투쟁이라는 목표를 제시하고 그 방법론을 구체화하고 있다. 그는 귀족을 공통의 법률 바깥에 두었으며, 국민을 구체화하는 제3신분에게는 주권을 부여했다. 나아가 제3신분으로만 구성되는 국민 의회를 설립할 것을 선동했다. 그는 제3신분에게 몇 가지 원칙을 제시해 힘을 부여했으며 전략적 개요까지 제시했다. 이 책에 담긴 시에예스의 이러한 시각은 출판 이후 여론의 강력한 지지를 받았다.

《제3신분이란 무엇인가》로 유명해진 시에예스는 1789년 5월 19일에 파리 삼부회의 제3신분 대표로 선출되었고, 다음날 삼부회에 합류했다. 행정가가 된 철학자는 글로 쓴 것을 행동에 옮기게 되었고, 그의 목표들은 하나하나 사건이 되어갔다. 제3신분 대표들은 시에예스의 제안에 따라 특권 신분 대표들에게 합류하지 않고 기다렸다가, 6월 17일 제3 신분 대표들로만 구성된 국민 의회의 성립을 선언했다. 국민 의회는 다른 신분의 대표들에게 합류할 것을 요청했으며, 어 떠한 과제나 세금 인상도 제3신분 대표에 의해서만 승인될 수 있도록 결정했다. 새로운 주권인 국민 주권이 발생한 것 이다. 시에예스가 이 책을 통해 예견한 적법한 혁명은 1789 년 6월 17일에 완성되었고 결국 신분 사회는 붕괴했다.

프랑스 혁명을 유도한 사상적 배경을 거론함에 있어 시에 예스에게 첫 번째 자리를 부여하는 사람들은 드물 것이다. 그러나 정치사상과 헌법 이론에 미친 그의 영향에 의문을 갖 는 사람은 거의 없다.

시에예스는 자신의 영광을 위해서, 그리고 역사 속에서의 자신의 자리를 위해서 활동하지 않았다. 88세를 일기로 파 리에서 생을 마감하기 몇 해 전에 그는 그의 전기를 쓰기 위 해 질문하는 사람들에게 대단히 오만하게 대답했다. "무엇에 쓰려고? 우리의 활동은 주석이 필요 없을 정도로 훌륭하다. 우리의 사상을 알고자 호기심을 가지고 있는 사람들은 우리 의 행위들을 통해 알게 될 것이기 때문이다. 또한 우리의 후 손들이 우리가 범한 오류를 되풀이하지 않게 하기 위해 우리 가 경고를 하는 것도 불 요하다. 우리의 후손들도 우리와 똑 같은 과정을 겪어야만 우리의 지혜를 얻게 될 것이기 때문이다."[1]

시에예스의 《제3신분이란 무엇인가》는 분량은 많지 않지만 읽기는 몹시 까다로운 책이어서 심지어 프랑스인들도 잘 이해하지 못하는 문장들이 간혹 나타난다. 이 번역서는 세분 교수의 소중한 조언과 격려에 의해 완성되었다.

현 한국공법학회 회장인 김효전 교수께서 수년 전 번역을 권유하며 당신이 소장하고 있던 주요 자료들을 내게 넘겨주었을 때만 해도 필자는 수개월이면 번역을 완료하리라 생각했다. 그러나 계속된 강의와 새로운 연구 주제 등으로 번역 작업은 자꾸 늦어졌다. 게다가 번역문의 표현에 신중을 기하다 보니 시간은 더욱 지체되었다. 이렇게 몇 년을 끄는 사이 이 번역 작업은 때로는 잊혀져 있기도 했고 때로는 무거운 중압감으로 작용하기도 했다.

그러던 차에 초청 교수로 파리 1대학을 방문하게 된 것이 새로운 전기가 되었다. 이때 나는 시에예스에 관한 많은 자료와 저서를 접할 수 있었으며, 의문이 있는 부분에 대해 파리 1대학의 마르쿠G. Marcou 교수에게서 친절하고 자세한 설명을 들을 수 있었다. 또한 파리 2대학의 리고디에르A. Rigaudière 교수는 시대적 배경을 개괄적으로 설명해주고 프랑스 혁명에서의 시에예스의 역할과 사상에 대해서도 보완 설명을 해주었는데 이는 《제3신분이란 무엇인가》를 이해하는 데 너무나 소중했다.

짧은 프랑스 체류기간 동안 어학 공부와 전공 공부로 항상 바쁘게 지내고 있는 상환이와 혜리가 헌신적으로 원고 정리, 타이핑, 교정 등을 도와주지 않았다면 이 책은 아직도 원고 상태에서 잠자고 있었을지 모른다. 상환이와 혜리에게 감사한다. 그리고 외롭고 힘든 외국 생활에서조차 연구실에 남편을 빼앗긴 채 내조해준 아내에게 이 자리를 빌려 감사의 말을 전하고자 한다. 또한 상업적 목적보다는 공익적·계몽적 성격에 비중을 두고 고전의 세계를 기획·출판하고 있는 책세상에 심심한 사의를 표한다.

옮긴이 박인수

제3신분이란 무엇인가[2]

철학자가 진실의 한계를 벗어나지 않는 한 그가 너무 멀리 나아가는 것을 비난하지 말라. 그의 직무는 목적지를 알려주는 것이며, 따라서 그는 목적지에 이미 도착해 있어야 한다. 아직까지 노상에 있으면서 감히 자신의 깃발을 들어 올린다면, 그 깃발은 기만적인 것이리라. 그와 반대로, 행정가의 의무는 문제점들의 성격에 따라 그 추진 방법을 연구하고 단계적으로 해결하는 것이다. 철학자가 목적지에 있지 않으면 그는 자신이 어디에 있는지를 알지 못한다. 행정가가 목적지를 보지 않으면, 그는 자신이 어디로 가야 할지를 알지 못한다.

이 저서의 목차는 대단히 단순하다. 여기서는 세 가지 문제를 다루고자 한다.

① 제3신분이란 무엇인가—모든 것.
② 정치적으로 제3신분은 현재까지 무엇이었는가—무(無).
③ 제3신분은 무엇을 요구하는가—그 무엇이 되는 것.

문제에 대한 답이 옳은지 여부를 살펴볼 것이다. 현재까지

이 답은 옳지 않을 수 있을 것이다. 왜냐하면 아직 검증되지 않은 진실에 대해 정당하게 평가하지 않고 과장되게 평가하고 있기 때문이다. 뒤이어 우리는 제3신분이 실제로 중요한 존재가 되기 위해 어떤 방법들이 시도되었으며 또 어떤 방법들이 취해져야 하는지를 고찰할 것이다. 따라서 다음과 같은 것을 논할 것이다.

④ 각료들이 시도했던 것과 특권 신분들이 자신들에게 유리하게 제안하고 있는 것.

⑤ 우리가 행했더라면 하는 것.

⑥ 마지막으로, 제3신분이 합당한 지위를 취하기 위해 해야하는 것.

제1장

제3신분은
완벽한 하나의 국민이다

하나의 국민이 생존하고 번영하기 위해서는 무엇이 필요한가? 개인들의 활동과 공적인 작용이 필요하다.

개인들의 모든 활동은 네 가지로 분류할 수 있다. ① 땅과 물이 인간이 필요로 하는 일차적 원료를 제공하는 만큼, 관념 상 첫 번째 활동은 농촌에서 이루어지는 노동과 관련된 모든 가정들이 하는 활동일 것이다. ② 일차적 원료가 처음 판매되어 소비 또는 사용되기까지, 다소 증가한 새로운 수공업은 이 일차적 원료에 다소 복합적인 이차적인 가치를 첨가한다. 따라서 인간의 산업은 자연의 혜택을 발전시키고 원료의 가치를 두 배, 열 배, 백 배 증폭시킨다. 이것이 두 번째 부류의 활동이다. ③ 생산과 소비 사이에서도 생산의 여러 단계에서 그런 것처럼 생산자와 소비자들에게 유용한 중간 상인 집단이 자생하게 된다. 이들이 상인과 유통업자이다. 유통업자는 시간·공간별 수요를 끊임없이 비교하면서 보관과 유통의 이익을 추구하며, 상인은 도매 또는 소매의 최종 판매를 담당한다. 이러한 유용성이 세 번째 활동의 특징이다.
④ 앞의 세 가지 활동이 소비와 사용이라는 고유한 목적에
종사하는 근면하고 유용한 시민들에 해당하는 것이라면, 사
회에는 또한 개인에게 직접적으로 필요하거나 개인을 직접
적으로 즐겁게 하는 일련의 배려나 특별한 활동도 필요하다.
이 네 번째 부류의 활동에는 가장 높이 평가되는 학문적 직
업이나 자유 직업에서부터 가장 사소한 것으로 평가되는 가
사 노동까지 포함된다.

　이러한 것들이 사회를 유지시키는 활동들이다. 그러면 누
가 이러한 활동들을 뒷받침하는가? 제3신분이다.

　공적 작용 또한 현 상태에서는 알려져 있는 바와 같이 군
사, 법률, 종교, 행정의 네 가지 명칭으로 구별할 수 있다. 굳
이 자세히 살펴보지 않아도, 공적 작용 영역에서 제3신분이
20분의 19를 차지하고 있으며, 특권 신분이 종사하기를 꺼
리는 매우 힘들고 고된 모든 역무를 제3신분이 담당하고 있
다는 것을 알 수 있을 것이다. 공적 작용을 통해 높은 수입을
얻을 수 있는 지위나 명예직은 모두 특권 신분들이 점유하고
있다.

　과연 이것이 잘된 일이라 할 수 있을 것인가? 만약 제3신
분이 이러한 지위를 갖는 것을 거부했거나 또는 이러한 직무
를 수행할 능력이 부족했다면 그럴 수도 있을 것이다. 그러
나 얼토당토않게 제3신분에게는 금지의 범위가 부과되었다

고 볼 수 있다. 제3신분에게는 '너 자신의 능력이 어떠하건 간에, 네가 하는 일이 무엇이건 간에 너는 여기까지만 올 수 있으며, 이를 넘어설 수 없다. 너에게 명예가 부여되는 것은 바람직하지 않다'라는 제약이 부여되어 있다. 드물게 명예가 부여되어야 한다고 느껴지는 경우가 있다 해도 그저 웃음거리가 될 뿐이며, 모욕 이상의 언사를 이끌어낼 뿐이다.

이러한 배타성이 제3신분에 대한 사회적 범죄라면, 또한 이것이 사실상의 거부감이라면, 이러한 것이 공적인 것la chose publique에 유용하다고 과연 말할 수 있을까? 음! 우리는 독점의 결과를 모르고 있는 것일까? 독점에 의해 배제되는 것들이 맥을 못 추게 되면 독점에 의해 장려되는 것들이 기량도 떨어지게 된다는 것을 우리는 모르고 있는 것일까? 자유 경쟁을 멀리하는 모든 활동은 결국 보다 비싼 대가를 치러야 하며 보다 부당해지리라는 것을 우리는 모르고 있는 것일까?

시민들 중 특정 신분에게 어떠한 직무를 독점적으로 행사하게 하면, 그에 대한 급여를 받아야 하는 사람은 그 일을 하는 특정인뿐만 아니라 거기에 종사하고 있지 않은 같은 신분의 사람들 모두, 또한 거기에 종사하는 사람들과 종사하지 않는 사람들의 가족 전체라는 데 우리는 주목해본 적이 있었던가? 정부가 특정 계층의 소유물이 되면 권력을 남용해 모든 한계를 벗어나게 되고, 피치자의 요구가 아니라 치자의 요구에 따라서 행정부에 자리를 만들어가는 것을 우리는 주목해본 적이 있었던가? 우리에게서 존중되고 있기는 하지만 비열하며 또 감히 야비하다고까지 말할 수 있는 이러한 현실적 상황은 고대 이집트 역사와 동인도 여행기를 읽으며 느끼는 바와 마찬가지로 경멸적이고 망측하며, 모든 산업에 대해 파괴적이고 사회 발전에 걸림돌이 되며, 나아가 넓게는 인류 전체의 품격을 떨어뜨리고 좁게는 유럽인들을 참을 수 없게 만든다는 것을 우리는 주목한 적이 있었던가?[3] 그러나 이러한 문제들에 대한 고찰은 또 다른 문제를 증폭시켜 우리의 논리적 전개를 지연시킬 수 있으므로 여기서는 접어두기로 하겠다.[4]

이 책에서는, 하나의 특권적 신분에게만 공역무(公役務)가 유용할 수 있다는 생각은 몽상에 불과하며, 특권적 신분만 없으면 공역무 중 힘들고 고된 모든 것에서 제3신분이 해방될 것이며, 특권적 신분만 없다면 고위 보직들이 훨씬 더 잘 충원될 것이며, 고위직은 당연히 인정된 능력과 업무에 대한 보상이자 배당이 될 것이며, 특권층이 모든 고소득직과 명예직을 독점하게 되면 이것이 바로 전체 시민들에 대한 가증스러운 죄악이자 공적인 활동에 대한 배신이 될 것이라는 사실을 강조하는 데만 집중했다.

도대체 제3신분만으로는 완벽한 하나의 국민을 구성하는 데 필요한 모든 것을 구비할 수 없다고 누가 감히 말할 수 있겠는가? 제3신분은 아직까지도 팔뚝에 쇠사슬이 채워져 있는 건강하면서도 억센 인간이다. 특권적 신분만 제거된다면 전체 국민은 보다 열악한 어떤 지위가 아니라 보다 나아진 지위를 갖게 될 것이다. 그렇다면 현재 제3신분이란 무엇인가? 전체이되 구속되고 억압된 전체이다. 특권적 신분이 없으면 제3신분은 무엇일까? 전체이되 자유롭고 번성하는 전체이다. 제3신분이 없으면 그 무엇도 있을 수 없으며, 다른 신분들이 없으면 모든 것이 무한히 잘 되어갈 것이다.

국민 전체에게 유익하지 않은 특권 신분들은 국민 전체를 오히려 약하게 하고 성가시게 할 뿐이라는 점을 지적한 것만으로는 충분하지 않다. 귀족 신분은[5] 사회 제도 속에 결코 속하지 않는다는 것, 귀족 신분은 전체 국민에게는 하나의 부담이 될 수 있다는 것, 그러나 귀족 신분은 그 부담의 일부분도 함께 떠안아줄 수 없다는 것을 증명해야 한다.

먼저, 전체 국민의 수많은 기초적 부분 집단 속에서 세습[6] 귀족이 어디에 위치하고 있는지를 찾아낸다는 것은 불가능한 일이다. 그들 중 대단히 많은 개인들이 병약함, 무능력, 치유 불능의 나태 또는 나쁜 풍속에 한껏 젖어 사회 활동과 담을 쌓고 있다는 것을 우리는 알고 있다. 원칙의 주변에는 항상 예외와 권력 남용이 있다. 거대한 제국 내에서는 특히 그렇다. 그러나 적어도 우리는, 이러한 남용이 줄어들수록 국가는 훨씬 잘 정돈되어갈 수 있다는 데 합의할 수 있을 것이다. 최악의 정돈되지 않은 상태는 고립되어 있는 특정인들이나 특정 계층의 시민들만이 변함없이 사회의 일반적 활동에서 영광을 차지하고, 생산에는 조금도 기여하는 바 없이 최상위 품질의 생산물을 소비하는 상태라 하겠다. 이러한 계층은 그 나태함으로 인해 전체 국민과는 확실히 동떨어져 있다.

귀족 신분은 또한 공민적·정치적 특권에 의해서도 우리와는 동떨어져 있다. 국민이란 무엇인가? 동일한 입법부에 의해 대표되며, 공통의 법률 하에서 살아가는 구성원들의 집단이다.

귀족 신분이 특권과 면제, 심지어 시민들의 일반적 권리와 차이가 있는 권리를 갖고 있다는 것은 너무나 분명하지 않은가? 특권과 면제에 의해서 귀족 신분은 공통의 질서, 공통의 법률에서 벗어나 있는 것이다. 따라서 귀족의 공민권은 거대한 전체 국민 속에서 이미 별도로 하나의 인민을 형성한다. 이것은 사실상 군주 국가에서의 명령권imperium in imperio에 해당하는 것이다.

정치적 권리에 대해 말하자면, 귀족은 정치적 권리 또한 별도로 행사한다. 귀족은 별도의 대표자를 가지며, 이 대표자들은 인민들을 대리하는 데는 전혀 책임을 지지 않는다. 귀족 대표단은 별도의 의석을 차지한다. 또 일반 시민 대표와 한 장소에서 함께 회의하게 될 때도 원칙적으로 귀족 대표는 구별되도록 따로 떨어져 앉는 것이 사실이다. 귀족 대표의 임무는 인민으로부터 나오는 것이 아니므로 귀족 대표는 원칙적으로 전체 국민과 유리되어 있고, 또한 귀족 대표는 일반 이익이 아니라 특정 이익을 보호하기 위해 존재하므로 목적상 전체 국민과 동떨어져 있는 것이다.

따라서 제3신분은 전체 국민에 속하는 모든 것을 포함하고 있으며, 제3신분이 아닌 것은 모두 전체 국민으로 간주될 수 없다. 제3신분이란 무엇인가? 모든 것이다.[7]

제2장

제3신분은 현재까지 무엇이었는가—무(無)

우리는 인민들이 그렇게 오랜 세월 동안 시달려온 노예 상태를 고찰하려는 것이 결코 아니며, 아직까지 계속되고 있는 속박과 굴욕의 상태를 살펴보려는 것도 아니다. 인민의 공민적 지위는 변화했으며, 또한 변화해야 한다. 제3신분이 자유롭지 못하면 전체 국민이나 어떠한 특정 신분도 자유로워질 수가 없다. 우리는 특권에 의해서가 아니라 모든 인민에게 속하는 권리, 시민의 권리에 의해서 자유로운 것이다.

　귀족들이 자신들이 매우 못마땅하게 여기는 이러한 자유를 희생시킨 채 인민들을 계속 압제 하에 두려 한다면 과연 귀족들에게 무슨 자격이 있어서 그렇게 하는 것인지 반문하지 않을 수 없다. 정복자의 자격을 내세운다면 인정하지 않을 수 없지만, 그러자면 역사를 다소 거슬러 올라갈 필요가 있을 것이다. 그러나 과거로 거슬러 올라간다고 하더라도 제3신분은 전혀 두려워할 필요가 없다. 정복이 행해지기 이전의 시대로 올라가면, 오늘날 제3신분이 스스로 정복당하도록 내버려두지 않을 정도로 힘이 있는 만큼, 그들의 저항은 훨씬 거셀 것이다. 그러면 왜 제3신분은, 정복자 종족 출신으로서 정복자들의 권리를 승계했다는 정신 나간 자들을 데리고 있는 이러한 모든 가문들을 프랑켄의 숲 속으로 쫓아버리지 않는가?[28]

이렇게 해서 정화되면 국민은 결국 골족과 로마인의 후손으로만 구성되었다고 여겨질 정도로 감소되었다고 자위할 수 있게 될 것이다. 사실, 출생과 출생을 구별하고자 한다면 골족과 로마인으로부터 출생한 우리가 시캉브르인, 웰슈인, 고대 게르만의 숲과 늪 지역 출신의 또 다른 야만족으로부터 출생한 사람들보다 결코 못하지 않다고 우리의 가엾은 동족들에게 떳떳하게 말할 수 없는 것일까? 아니다, 우리는 그렇게 주장할 수 있을 것이다. 그러나 정복이 모든 관계를 흐트러뜨려버렸으며, 출생상의 귀족은 정복자 쪽으로 넘어가게 되었다. 그렇다면 출생상의 귀족을 다시 다른 쪽으로 넘어가게 해야 하며, 이번에는 제3신분이 정복자가 되어 다시 귀족이 될 것이다.

그러나 모든 종족이 다른 종족과의 혼혈 상태에 있다면, 보다 분리되어야 할 가치가 있다고 보이는 프랑크족의 혈통도 골족의 혈통과 뒤섞여 흐르고 있다면, 제3신분의 선조들이 전체 국민의 조상이라면, 하나의 신분이 다른 모든 신분에 대해 늘상 영광스러워하며 범하고 있는 이러한 기나긴 존속 상쟁이 언젠가 멈추게 되기를 기대할 수는 없는 것일까?

언젠가 자만심만큼이나 강한 이성과 정의가 특권 계급으로 하여금 새로우면서도 보다 진실되고 보다 사회적인 어떤 이익에 따라서 자신들을 제3신분으로 복원시켜달라고 간청하게 만드는 일이 일어나지 말란 법 있는가?

우리의 논점으로 돌아오자. 공통의 질서에 속하는 시민 전체를 제3신분으로 이해하는 것이 무엇보다 필요하다. 어떤 방법에 의해서건 법률에 의해 특권을 부여받은 자는 모두 공통의 질서에 속하지 않으며, 공통법의 예외가 되며, 결과적으로 제3신분에 속하지 않는다. 이미 언급한 바와 같이 공통법과 공통의 대표야말로 하나의 국민을 만들어내는 것이다. 따라서 우리가 공통법의 보호에만 의존한다면 프랑스에서 우리는 아무것도 아닌 무의 존재라는 것이 너무나 진실된 표현이다. 만약 우리가 어떠한 특권도 누리고 있지 않다면 모든 종족의 경멸, 모욕, 자존심 침해를 스스로 견뎌낼 방법을 찾아야만 한다. 아무런 특권도 누리지 못하는 불행한 사람들이 완전히 망가져버리는 것을 막기 위해 할 수 있는 일이 무엇인가? 그저 어떤 식의 비굴함을 통해서라도 귀족에게 착 달라붙거나, 자신의 미풍양속과 인간으로서의 존엄성을 희생시켜서라도 경우에 따라서는 자신이 쓸모 있는 중요한 인물임을 주장해야 한다.

그러나 이 책에서 우리가 제3신분에 대해 고찰하는 것은 제3신분의 공민적 지위와 관련해서라기보다는 헌법과 제3 신분과의 관계에 관련해서다. 삼부회에서 제3신분은 어떤 존재인지 살펴보자.

소위 삼부회의 대표들은 어떤 사람들이었던가? 작위를 받은 귀족들이나 임기제 특권층이었다. 이러한 비진정(非眞正) 대표들은 언제나 인민의 자유로운 선거를 통해 탄생한 것이 아니었다. 국가 차원의 삼부회에서는 때때로, 그리고 지방 차원의 삼부회에서는 거의 언제나 인민의 대표는 일정한 부담이나 직무에 대한 하나의 권리로 간주된다.

세습 귀족은 새로운 귀족을 허용하지 않으며, 신귀족이 이른바 4세대, 100년을 증명해야만 자신들과 같은 자리를 차지할 것을 허용한다. 세습 귀족은 신귀족을 제3신분으로 몰아붙이지만, 신귀족은 분명 더 이상 제3신분에 속하지 않는다.[9]

그러나 법률적 차원에서 보면, 어떤 수단·방법에 의해 출신을 은폐했건 또는 부당하게 귀족의 지위를 차지했건 간에 신귀족도 구귀족이나 마찬가지여서, 모든 귀족이 동일하다. 모두가 동일한 특권을 향유한다. 세론만이 이들을 구별한다. 그러나 제3신분이 법률에 의해 확립된 선례를 지킬 것을 강요받는다면, 제3신분이 법문에 반하는 선례에 따라야 할 이유 또한 없는 것이다.

우리는 신귀족들을 우리가 원하는 바의 모든 것으로 만들 수 있는 것인가. 한 사람의 시민이 보통법에 반하는 특권을 취득하는 순간부터 그가 더 이상 보통의 신분이 아니라는 것은 명확하다. 그의 새로운 이익은 일반 이익에 반하는 것이며, 그는 인민을 위해 투표할 자격이 없다.

이론의 여지가 없는 이러한 원칙에 따르면 단순한 임기제 특권층이라 하더라도 제3신분 계층의 대표로 부적합한 것은 마찬가지다. 그들의 이익 또한 공통 이익에 다소 해로운 것이다. 그리고 세론이 그들을 제3신분으로 분류하고 법률이 그들에 대해 침묵하고 있다고 하더라도, 세론이나 법률보다 더욱 강력한 사물의 본성은 명백히 이들을 보통 신분의 범주 바깥에 두고 있다.

세습 특권자들뿐만 아니라 임기제 특권만을 누리는 자들까지 제3신분으로부터 배제하려는 것이, 제3신분으로부터 가장 명석하고 용맹스러우며 존경받는 구성원들을 박탈함으로써 제3신분 계층을 고의로 약화시키려는 것이라 말할 수 있을까?

나의 뇌리에는 제3신분이 전체 국민이라는 생각이 항상 가득하기 때문에, 내가 제3신분의 힘이나 존엄성을 감소시키려 한다는 것은 감히 있을 수 없는 일이다. 우리를 움직이는 동기가 어떤 것이건 간에 진실을 두고 진실이 아니라고 할 수 있겠는가? 어떤 군대가 가장 훌륭한 예하 부대를 포기해야 하는 불행을 겪었다고 해서 예하 부대에게 본부대 수비를 맡겨야 하겠는가? 일일이 열거할 수 없을 정도로 많을 것으로 보이는 모든 특권은 보통법에 반하는 것이며, 따라서 모든 특권 계층은 하나같이 제3신분에 반하는 다른 계층을 형성하고 있다. 동시에, 이러한 진실이 인민의 친구들을 불안하게 할 이유는 전혀 없다고 나는 보고 있다. 오히려 이러한 진실은, 제3신분과 분리되어 있는 모든 임기제 특권을 폐지해야 할 필요성을 강력하게 의식하게 함으로써 전체 국민의 이익에 크게 기여한다.[10] 임기제 특권층에게는 자신의 운명을 자신의 적의 수중에 맡기도록 하는 형벌을 선고하는 것이 될 것이다. 또한 이러한 견해는 다음의 견해와 결코 분리되어서는 안 된다. 즉, 제3신분 내에서의 특권의 폐지는 그 몇몇 구성원이 향유하고 있는 면제를 없애는 것이 아니라는 것이다. 이러한 면제는 공통의 권리를 벗어나는 것이 아니다. 일반 인민들에게서 이러한 면제를 박탈한 것은 주권적 차원에서 부당한 것이었다. 따라서 나는 권리의 상실이 아니라 권리의 복원을 주장한다.[11] 그리고, 예를 들어 사적인 병사를 결코 부릴 수 없는 경우에 속하는[12] 특권층의 몇몇 사람들을 보통 신분으로 환원시킴으로써 나의 논리에 맞서고자 하거나, 어떤 사회적 수요를 충족시킬 수 있는 방법을 찾지 못할 것이라고 주장한다면, 모든 공적 수요는 모든 사람의 부담으로 존재해야 하는 것이지 특정 시민 계층만의 부담이어서는 안 되며, 우리가 추구하는 바와 같은 군사적 상태를 유지하거나 완성시키기 위해서 보다 전국민적인 수단을 모색하지 않는 것은 형평에 어긋날 뿐만 아니라 모든 관점에도 부합하지 않는다고 나는 논박하고자 한다.

따라서 전혀 선거를 통하지 않았기 때문이건, 대표를 내세울 권리를 가진 농촌이나 도시의 제3신분 유권자 전체에 의해 선출되지 않았기 때문이건, 특권층에게는 피선거권이 아예 없었기 때문이건 간에 현재까지 삼부회에 선출되었던 소위 제3신분의 대표들은 결코 진정하게 인민의 위임을 받은 사람들이 아니었다.

때로 우리는 종교인, 군인, 법률가로 구성된 삼두 귀족 계급으로 인해 야기된 탄식을 듣고 놀라곤 한다. 우리는 그것이 그저 스쳐 지나가는 말에 불과하기를 원하지만 이러한 표현에 엄격하게 주목해야 한다. 삼부회가 일반 의사의 대변자이고 그러한 지위에서 입법권을 가진다면 그것은 분명 사실상의 귀족 정치에 불과하고, 삼부회는 하나의 성직자-귀족-법률가 집회에 지나지 않는다.

사실상의 귀족 정치라는 이 무시무시한 진실에다가, 모든 집행 권력 또한 종교인, 법률가, 군인을 배출하는 신분에게 부여되고 있다는 점을 상기해보자. 일종의 동포 의식 또는 형제 의식은 귀족들로 하여금 모든 면에서, 다른 신분의 국민보다 그들 자신의 신분을 선호하게 하고 있다. 권리의 침해는 완벽하며, 사실상 그들이 군림하고 있는 것이다.

이러한 논리가 사실에 부합하는지 반하는지를 알아볼 생각으로 역사를 살펴보면, 프랑스가 군주제를 취하고 있다고 믿는 것은 상당한 착각이라는 것을 확인하게 될 것이다. 나는 이미 그러한 경험을 했다. 거의 완벽한 전제주의로 간주되는 루이 11세와 리슐리외 치하의 몇 년, 루이 14세 치하의 일정 기간을 우리 역사에서 배제하면 궁정 귀족 정치사를 보고 있는 듯한 착각이 들 것이다. 지배자는 군주가 아니라 궁정이었으며, 만들고 부수는 것도 궁정, 각료를 임명하고 해임하는 것도 궁정, 일정한 보직을 창출하고 배분하는 것도 궁정이었다. 그러면 궁정이란 무엇인가? 프랑스의 모든 부분을 관장하며, 자기 계파에 의해 모든 것을 장악하고 공적인 활동la chose publique[13]의 모든 부분에 본질적으로 존재하는 것을 어디서나 행사하는, 이 거대한 귀족 정치의 우두머리가 아니고 무엇이겠는가? 인민은 불평 속에서도 군주를 권력의 원천으로부터 분리시키는 데 익숙해 있다. 인민은 군주를, 능동적이고 전능한 궁정의 한복판에서 무방비 상태로 확실하게 기만당하고 있는 한 인간으로 항상 봐왔으며, 따라서 인민은 군주의 이름 하에 행해졌던 모든 악행을 군주에게 전가시킬 생각은 추호도 하지 않았다. 이정도라면 현재 우리 주변에서 벌어지고 있는 일에 대한 고찰을 시작하기에 충분하지 않을까? 우리는 무엇을 보고 있는가? 이성, 정의, 인민, 각료, 군주 모두와 한꺼번에 싸우고 있는 독특한 귀족 정치다. 이러한 가공할 싸움의 결과는 아직 불확실하나, 귀족 정치는 하나의 망상에 지나지 않는다고 감히 말할 수 있을 것이다!

요약하면, 제3신분은 현재까지 삼부회에서 진정한 대표를 갖지 못했다. 따라서 제3신분의 정치적 권리는 존재하지 않는다.

제3장

제3신분은
무엇을 요구하는가
―그 무엇이 되는 것

제3신분의 요구를 인간의 권리라는 측면에서만 다소간 고찰한 몇몇 저자들의 고립적 견해에 의해 판단해서는 안 된다. 아직도 제3신분은 자신의 요구에 있어서 대단히 양보하고 있으며, 이는 현실 사회를 연구한 사람들의 시각뿐만 아니라 공적인 여론을 형성하고 있는 거대한 공통 관념에 의거해서도 그렇다. 제3신분의 진정한 청원이 무엇인지는 프랑스의 거의 모든 시·읍·면이 행정부에 보낸 확인된 상소문에 의해서만 판단할 수 있다. 거기서 우리는 무엇을 보는가? 인민은 자신이 그 무엇이기를, 실제로 가능한 최소한의 것이기를 원한다. 제3신분은 ① 삼부회에 자신들의 대표자들을 갖기를 원한다. 즉 자신들의 소망을 대변할 수 있고 자신들의 이익을 옹호할 수 있는 능력을 갖춘, 자신들의 신분 계층에서 선출된 대표자들을 갖기를 원한다. 그러나 삼부회에서 그들에게 반하는 이익이 지배적이라면 삼부회에 참석하는 것이 그들에게 무슨 도움이 되겠는가! 그들의 참석은 그들을 영원한 희생물로 만드는 압제를 확고부동하게 해줄 뿐일 것이다. 따라서 제3신분이 최소한 특권 신분의 영향력과 동일한 힘을 가질 수 없다면 그들이 삼부회에 투표하러 갈 수 없다는 것은 명백하다. 제3신분은 또한 ② 다른 두 신분 계층 대표자 전체와 동일한 수의 대표자를 요구한다. 그러나 각 신분별 의회가 분리된 채 표결권을 행사한다면 이러한 수적 동등함은 결국 공염불에 지나지 않을 것이다. 따라서 제3신분은 ③ 삼부회에서의 투표가 신분별이 아닌 개인별로 이루어지기를 요구한다.[14] 이러한 것들이 바로 특권층을 경악시킨——특권층은 이것 때문에 권력 남용을 개혁하는 것이 불가피해졌다고 믿었던 것이다——시·읍·면 상소문들의 요지이다.

제3신분의 최소한의 목적은 삼부회에서 특권 신분의 영향력과 동일한 힘을 갖는 것이다. 다시 말하지만, 제3신분이 그 이하를 요구할 수 있을까? 또한 삼부회에서의 제3신분의 영향력이 동등하지 못하다면 제3신분이 정치적 무능력에서 벗어나 그 무엇이 되고자 하는 것은 기대할 수 없는 일이라는 게 분명하지 않은가?

그러나 현실적으로 애석한 점이 있다면, 제3신분의 상소문을 형성하고 있는 세 가지 항목만으로는 제3신분에게 정말 없어서는 안 되는 이러한 동등한 영향력을 부여할 수 없다는 것이다. 실제로 제3신분은 자신의 신분으로부터 선출된 동일한 수의 대표자를 가질 수도 있을 것이나, 특권층의 영향력은 제3신분의 성역에도 항상 자리 잡고 있어서 제3신분을 지배하게 될 것이다. 직책, 일, 특전을 부여할 수 있는 자가 누구인가? 보호받을 권한이 어느 측에 있으며, 보호할 권한은 어느 측에 있는가? 이러한 고찰만으로도 모든 인민 친구들을 떨게 할 수 있다.

자기 능력에 의해 자신들 신분의 이익을 지켜내기에 아주 적합해 보이는 비특권 신분 사람들이 귀족들에 대한 맹목적이거나 강압적인 존경심 속에 교육되지 않았는가? 일반적으로 사람들이 자신들에게 유용하게 될 수 있는 모든 관습에 얼마나 쉽게 복종하는지 우리는 알고 있다. 사람들은 자신의 운명을 개선시키는 데 끊임없이 골몰하며, 개인적인 사업이 진실한 수단에 의해 진척될 수 없을 때 기만적인 노선에 빠져들게 된다. 책을 통해 우리는 과거에 인민의 집안에서는 아이들이 고된 훈련이나 고난도 훈련을 받은 뒤에야 비로소 음식을 먹을 수 있었다는 것을 읽을 수 있다. 이것이 아이들을 단련시키는 방법이었다. 마찬가지로, 우리 제3신분 중 가장 약삭빠른 집단은 필요한 것을 얻기 위해, 명예롭거나 사회적이지는 않지만 대단히 효과적인 교육을 통해 권력 있는 인간들에게 헌신하고 아첨할 것을 강요받는다. 애석하게도 전체 국민 중 이러한 부류가 거대한 하나의 전위 부대를 형성하기에 이르렀으며, 주인이 명령하거나 행하는 것에 끊임없이 몰두하면서, 행복을 누리는 것을 대가로 모든 것을 바칠 준비가 되어 있다. 이와 같은 관행을 보면서, 전체 국민의 이익을 옹호하기에 가장 적합한 자격을 가진 사람들이 선입견을 옹호하는 데 물들지는 않았는지 어찌 염려하지 않을 수 있겠는가? 귀족 정치를 가장 뻔뻔스럽게 옹호하는 자들은 제3신분 계층 내에도 존재할 것이며, 재능은 뛰어나나 영혼이 빈약하게 태어난 탓에 귀족들의 칭찬, 권력, 출세에는 급급하지만 자유의 가치는 느끼지 못하는 그런 사람들 속에도 존재할 것이다.

프랑스의 모든 곳에서 전개되고 있는 귀족 정치나 대부분의 정신 세계를 황폐화시키는 이 봉건적 인습의 지배력 이외의 재산의 영향력도 행사된다. 재산의 영향력은 당연한 것이므로 나는 그것을 결코 배척하지 않는다. 그러나 이것 역시 특권 신분의 이익에 기여한다는 것, 그리고 이것이 제3신분을 억압하는 강력한 받침대를 특권 신분에게 제공하는 건 아닐까 하는 우려의 여지가 있다는 것을 우리는 시인해야 할 것이다. 특권층의 영향력에서 벗어나기 위해서는 특권층에 있는 사람과 인민의 대표를 서로 격리시키는 것만으로 충분하다고 시·읍·면에서는 너무 쉽게 믿고 있다. 다소 친인민적인 봉건 영주라면 그가 원하는 경우 시골과 프랑스 전역에서 불특정 다수의 인민 집단을 그의 명령으로 움직일 수 있을 텐데 이에 대해서는 어떻게 설명할 것인가? 이러한 첫 번째 영향의 결과와 반향을 염두에 두어보라. 그리고 가급적, 일차적 이해 집단들과는 동떨어져 있는 듯하나 그래도 역시 이러한 일차적 요소들의 결합에 해당하는 어떤 단일 의회의 결과를 생각해보라. 이러한 문제에 대해 생각하면 할수록 제 3신분의 세 가지 요구 사항으로는 부족하다는 것을 알게 된 다. 그러나 마침내 이러한 요구 사항들마저 강력하게 논박 되었다. 대단히 역겨운 이러한 적대 행위의 논거를 검토해 보자.

1. 첫 번째 요구

제3신분의 대표자는 진정 제3신분에 속하는 시민 중에서만 선출 될 것.

이미 언급한 바와 같이 실제로 제3신분에 속하기 위해서 는 어떤 종류의 특권으로도 오염되지 않아야 한다. 또는 특 권을 당장 완벽하게 없애버려야 한다.

어떤 관문을 통해 귀족에 이르게 된 존재인 법조인들 은——이유는 모르겠지만 이들은 자신들이 관문을 통과한 후에는 그문을 봉쇄하기로 결정했다.[15]——기를 쓰고 삼부 회에 들어가고 싶어 한다. 그들은 서로에게 말한다. 귀족은 우리 측을 원하지 않으며, 우리는 제3신분 측을 원하지 않는 다. 우리가 하나의 개별 신분을 형성하는 것이 가능하다면 그것은 만족할 만한 것이나 우리는 그렇게 될 수 없다. 어떻게 할 것인가? 우리에게는 귀족들로 하여금 제3신분을 대표할 수 있게 해주었던 이전의 권력 남용을 유지하는 일만이 남아 있으며, 이를 통해 우리는 우리의 주장을 좌절시키지 않으면서 우리의 요구를 관철시킬 수 있을 것이다. 모든 신 귀족은 출신이 어떻건 간에 사고방식이 동일해, 자신들이 제3신분을 대표할 수 있어야 한다고 반복해 말하기에 급급했다. 자기들에게 좋은 것만 이야기하는 구귀족들로서는 이러한 권력 남용을 유지하는 것이 꼭 그렇게 이로운 것은 아니다. 그러나 구귀족도 이해관계를 따질 줄 안다. 구귀족들은, 자기 자식들을 평민원la Chambre des communes에 들어가게 할 거라고, 무엇보다 자기들이 제3신분을 대표한다는 것은 훌륭한 생각이라고 말했다.

일단 의사가 제대로 결정되면, 알다시피 결코 논리가 뒷받침되지 않는 경우는 없다. 제3신분을 대표하기 위해서는 대표기간 동안 적극적으로 제3신분을 배제하는 선대의 관행… 탁월한 관행을 유지시켜야 한다고들 주장했다! 제3신분 계층은 공민권과 마찬가지로 정치적 권리들을 가지고 있으며, 다른 권리들과 마찬가지로 이러한 권리들을 스스로 행사해야 한다.16 처음의 두 신분에게는 유용하고 세 번째 신분에게는 불행이 되도록 신분을 구별하는 것, 그리고 제3신분을 배제하는 선대의 관행이 두 신분에게는 여전히 득이 되지만 전체 국민에게는 해로운 것이 될 때 곧바로 신분을 구별하지 않고 섞어버리는 것, 이 얼마나 멋진 생각인가! 성직자와 귀족이 제3신분의 의회를 가로채버릴 수 있도록 유지해주는 관행은 얼마나 훌륭한 관행인가! 솔직히 말해서, 제3신분이 처음 두 신분의 대표 관계를 잠식할 수 있다면, 이 두 신분이 대표되고 있다고 생각할 수 있을 것인가?

원칙이 잘못되었다는 것을 증명하기 위해서는 그 결과들을 최대한 도출해내는 것이 필요하다. 나도 이러한 방법을 활용해 주장하겠는데, 세 가지 신분의 사람들이 자신이 선호하는 사람들로 하여금 자신을 대표할 수 있게 해도 된다면 의회에는 단 하나의 신분의 구성원들만 있게 될 수도 있다. 예를 들어, 성직자 신분 혼자서 국민 전체를 대표하는 것도 허용될 수 있을까?

얘기를 좀더 진척시켜보자. 세 가지 신분층의 신임을 하나의 신분에게 맡긴 후, 한 개인으로 하여금 모든 시민을 대표하게 해보자. 이 경우 일개인이 삼부회를 대체할 수 있다고 생각할 수 있을까? 어떤 원칙이 불합리한 결과를 초래한다면 그것은 잘못된 것이다.

위임권을 행사함에 있어 위임자의 선택을 제한하는 것은 위임자의 자유를 침해하는 것이라는 점을 덧붙이고자 한다.

이러한 논점에 대해 나는 두 가지 근거를 제시하겠다. 첫째는 어느 것이 보다 신의롭지 못한 것인가 하는 것이고, 나는 이를 증명하고자 한다. 우리는 농촌의 농부들이나 기타 주민들에 대한 귀족들의 지배력을 알고 있으며, 봉건 영주들의 법률자문단을 포함해 봉건 영주 휘하의 수많은 대리인들이 행하는 일상적인 만행 또는 가능한 만행에 대해 알고 있다. 따라서 제1차 투표에서 영향력을 행사하고자 하는 모든 봉건 영주는, 봉건 영주 자신들 중에서 선출되건 그들로부터 보다 깊은 신임을 받는 자들 중에서 선출되건 간에 전혀 문제될 것이 없는 선거구에서 대표로 임명되는 것이 일반적으로 확실하다. 봉건 영주의 신임을 탐지하고 간파할 권한을 확보해두는 것이 인민의 자유를 위해서인가? 자유에 완전히 반하는 의도를 숨기기 위해 자유라는 신성한 이름을 모독하는 것은 도저히 용납될 수 없다. 그러므로 위임자에게 완전한 자유를 부여해야만 하며, 따라서 인민을 강압적으로 지배하는 데 대단히 익숙해 있는 모든 특권층을 위임 대상에서 배제하는 것이 너무나 당연한 일이라 하겠다.

나의 두 번째 근거는 직접적이다. 어떤 영역에서든 한계가 없는 자유나 권리는 있을 수 없다. 모든 국가에서 법률은 일정한 요건을 규정하고 있는데, 이러한 요건을 충족시키지 못하면 누구도 유권자나 피선거권자가 될 수 없다. 따라서 예를 들면 법률은 선거구 유권자를 대표하기에 부적합한 최저 연령을 결정해야 한다. 또한 잘된 일인지 잘못된 일인지 간에 도처에서 여성들은 이러한 종류의 위임으로부터 배제되어 있다. 유랑인이나 거지에게 인민의 정치적 신임을 부담시킬 수 없다는 것도 명백하다. 주인에게 종속되어 있는 모든 사람과 하인, 귀화하지 않은 외국인이 전체 국민의 대표자들에 끼는 것이 허용될 수 있을까? 따라서 정치적 자유에도 공민적 자유와 마찬가지로 한계가 있다. 다만 여기서는 제3신분이 주장하는 피선거권 결격 요건이 내가 방금 지적한 모든 요건과 마찬가지로 중요한 것이 아닌지를 살펴보고자 한다. 물론 이러한 비교는 완전히 제3신분을 위한 것이다. 왜냐하면 거지나 외국인은 제3신분의 이익에 반하는 이익을 가질 수 없기 때문이며, 반면 귀족과 성직자는 신분상 그들이 향유하고 있는 특권의 지지자이기 때문이다. 따라서 형평에 맞고 사물의 본성에 부합하는 법률이 대표자 선택에서 고려해야 할 모든 요건 중에서 제3신분에 의해 요구된 요건이 제3신분에게는 가장 중요하다.

이러한 논리를 더욱 강조하기 위해 한 가지 가정을 해보겠다. 프랑스와 영국이 전쟁 중에 있으며, 전쟁 행위와 관련된 모든 일이 우리 측에서는 대표자들로 구성된 통령 정부에서 수행되고 있다고 가정하자. 이 경우, 주민들의 자유를 침해하지 않는다는 구실로 주민의 대표들이 영국 내각의 각료를 통령으로 선출하는 것이 과연 허용될 것인지 의문이다. 전쟁 시기에 영국인들이 프랑스인들의 적인 것과 같이 특권층은 당연히 공통 신분의 적으로 나타난다. 나의 뇌리 속에서 겹치며 스쳐 가는 영상 속에서 또 다른 예를 들어보겠다. 해상 인민의 총회에서 항해의 안전과 자유를 결정하는 것이 문제가 된 경우 제노바, 리보르노, 베네치아 등이 바르바리아 출신을 전권 대사로 선출하는 것을 상상할 수 있을까? 또한 부유한 해적들이 제노바 등지의 유권자 표를 매수하거나 농락할 수 있도록 하는 법률이 좋은 법이라고 생각할 수 있을 것인가? 이러한 비유가 과장된 것인지는 잘 모르겠으나, 나의 개인적인 견해로는 이러한 비유는 내가 주장한 바를 명확하게 해준다고 생각되며, 나아가 등불이 밝혀져 있으면서도 오랫동안 효과를 발휘하지 못하지는 않을 것이므로, 언젠가 귀족들이 더 이상 프랑스의 알제리인들처럼 보이지 않는 날이 오게 되기를 다른 사람과 마찬가지로 나도 기대한다.

이러한 원칙에 따라서, 처음 두 신분의 구성원에게 오로지 일편단심으로 종속돼 있는 제3신분의 사람들이 공통 신분의 신임을 받을 수 있도록 묵인해서는 결코 안 된다. 종속적인 지위 때문에 그들은 공통 신분의 신임을 받을 자격이 없다고 여겨진다. 그러나 일편단심이 명백하지 않을 경우에는 귀족들의 영향력은 이미 귀족 자신에게 무용한 것이 되므로, 그들이 마음대로 이용할 수 있는 사람들에게 행사할 것은 매우 분명할 것이다. 나는 특히 봉건주의의 수많은 첨병에게 주의

를 기울이기를 주장한다.[17]

세 개의 신분을 적대적으로 분할시켜 여전히 프랑스에 불행을 안겨주는 것은 이 미개한 제도의 가증스러운 찌꺼기이다. 봉건주의의 수임자들이 공통 신분의 대표 관계를 점령하기 위해 몰려오게 되면 모든 것은 수포로 돌아갈 것이다. 하인들이 오히려 주인 자신들보다 주인의 이익을 위해 더욱 냉혹하고 더욱 무모하게 구는 것을 누가 모르겠는가? 나는 보다 많은 사람이 이러한 금지 부류에 속한다는 것을 알고 있다. 특히 봉건 영주의 모든 법무 담당자 등이 이러한 부류에 속하기 때문이다.[18] 그러나 여기에 우리에게 명하고 있는 사물의 본성이 있다.

도피네 지방이 이 점에 대한 중요한 예를 제공했다. 도피네 지방과 마찬가지로 세무 관계 종사자들, 그들의 보증인들, 행정직 종사자들 등에게서 제3신분의 피선거 자격을 박탈하는 것이 필요하다. 첫 두 신분이 소유한 농토의 소작인들에 대해 말하자면, 나는 그들의 현재 상황으로 볼 때 공통 신분을 위해 자유롭게 투표하기에는 그들이 너무나 종속적이라고 생각하고 있다. 그러나 입법부가 언젠가 농업의 이익, 공적 번영과 공민 정신의 이익을 밝히는 데 동의하게 되리라고 기대할 수는 없는 것일까? 악착스러운 국고 충당을 정부의 업무와 혼동하는 것을 결국 중단하게 되리라고 기대할 수는 없는 것일까? 그렇게 되면 소작농에게는 종신 임대차 계약 같은 것이 허용·장려될 것이며, 우리는 너무나 소중한 이러한 소작농들을 자유 보유 농민들과 마찬가지로 전체 국민의 이익을 유지하는 데 매우 적절한 존재로 여기게 될 것이다.[19]

제3신분은 제3신분을 대표할 만큼 명석하고 용기 있는 성원을 갖지 못해서 귀족의 지식에 의존해야 한다고 주장함으로써 사람들은 우리가 방금 근절한 문제점을 강화시킨다고 믿었다. 이러한 터무니없는 주장에 대해서는 답변할 가치도 없다. 제3신분 중에서 자유로운 계층을 고려해보자. 나는 모든 사람들중에서 일종의 여유로움으로 자유 교육을 받을 수 있고 양식을 함양할 수 있고 마침내 공적인 문제들에 관심을 가질 수 있는 그런 계층을 자유로운 계층이라고 부른다. 이러한 계층은 여타 인민의 이익과 다른 이익을 가지고 있지 않다. 자유로운 계층이, 모든 점에서 전체 국민의 훌륭한 대표자가 될 수 있을 정도로 교육받았고 정직하고 품위 있는 사람들을 다수 포함하고 있지 않은지 살펴보라.

그러나 끝내 선거구가 제3신분의 위임을 귀족이나 성직자에게만 부여하고자 하면서 제3신분을 신임하지 않으려 고집하면 어떻게 할 것인가?

무제한의 자유는 있을 수 없으며, 피선거 자격에 부과되어 있는 모든 요건 중에서 제3신분이 주장하는 요건이 무엇보다 가장 필요하다는 점은 이미 지적했다. 보다 즉각적으로 해답을 모색해보자. 한 선거구가 스스로에게 절대적으로 해를 끼치려 하는 경우를 가정해보자. 이 때문에 그 선거구는 타인들에게 해를 끼칠 권리를 가져야 하는가? 나의 수임자의 활동에 나 자신만이 이해관계를 갖고 있다면 사람들은 나에게, '당신에게는 어쩔수 없는 일이었지만, 왜 당신은 그를 선택하는 잘못을 범했는가?'라고 말하는 데 그칠 것이다. 그러나 일정한 지역의 대표자들은 그들을 선출한 선거구의 대표자일 뿐만 아니라, 대부분의 시민을 대표하고 국가를 위해 투표하기 위하여 선출된 사람들이다. 그러므로 어떤 유권자들에게는 마음에 들지 않을지 몰라도 공통의 규범과 요건이 필요하며, 이는 결국 몇몇 유권자들의 변덕에도 불구하고 전체 국민을 안심시킬 수 있을 것이다.

2. 두 번째 요구

제3신분 대표자의 수가 두 특권 신분 대표자의 수와 동일할 것.

다시 이 얘기를 하지 않을 수 없다. 이러한 주장의 무기력한 불충분성은 다시 그 이전의 시대를 회상하게 한다. 왕국의 도시들은 문명의 진보와 심지어 공중의 여론 자체도 잘 고려하지 못했다. 그들은 2표 대 1표를 주장함으로써 더 많은 어려움에 직면하는 것을 피했을 것이며, 따라서 아마도 오늘날 우리가 타파하기 위해 이토록 야단법석을 떨며 맞서 싸우고 있는 이러한 평등을 스스로에게 서둘러 제공했을 것이다.

결국 이와 같은 문제를 해결하고자 할 때는, 우리가 너무나 자주 그러는 것처럼 여러 가지 이유로 자신의 요구, 자신의 의사, 용도를 밝히는 것으로 만족해서는 안 되며, 원칙까지 거슬러 올라가야 한다. 공민권과 마찬가지로 정치적 권리도 시민의 자격으로부터 도출되어야 한다. 이러한 법적 재산은 각 개인이 출세나 향락을 위해 사용할 수 있는 현실적 재산의 과다에 상관없이 만인에게 동일한 것이다. 유권자가 될 수 있는 법적 요건을 갖춘 모든 시민은 자신을 대표하게 할 수 있는 권리를 가지며, 자신을 대표하게 하는 것이 다른 사람을 대표하게 하는 것의 일부분일 수 없다. 이 권리는 단일한 것이며, 모든 사람들은 그들이 제정하고자 함께 협력했던 법률에 의해 동일하게 보호받는 것만큼 이 권리를 동일하게 행사한다. 어떻게 사람들은 한편으로는 법률이 일반 의사, 즉 과반수 의사를 표시하고 있다고 하면서 동시에 10명의 개인적 의사가 1,000명의 개인적 의사와 맞먹을 수 있다고 주장할 수 있는가? 이것은 소수에 의해 법률이 제정되는 상태로 방치하는 것이 아닌가? 이것은 명백히 사물의 본성에 반하는 것이다.

완벽하게 확실한 이런 원칙들이 대부분 공통의 관념으로부터 도출된다면, 나는 독자들을 현재 눈앞에서 확인할 수 있는 문제로 곧바로 인도하고자 한다.

푸아투와 같은 거대 선거구가 젝스와 같은 작은 선거구에 비해 삼부회에 보다 많은 대표를 보내는 것이 모든 사람에게 정당하게 보이는 게 사실 아닌가? 왜 그런가? 푸아투의 주민 수와 조세 부담이 젝스보다 훨씬 많기 때문이다. 따라서 이러한 점에 비추어 대표의 비율을 결정하는 원칙을 확보할 수 있다. 조세 부담으로 대표 비율을 결정할 수 있지 않겠는가? 우리는 신분별 과세액을 정확하게 알지는 못하지만, 제3신분이 전체 과세액의 절반 이상을 부담하고 있다는 것은 명백하다.

인구에 있어서도 제3신분이 첫 두 신분보다 얼마나 더 많은지를 우리는 알고 있다. 다른 사람들과 마찬가지로 나도 실제 비율이 어떻게 되는지는 모르지만, 다른 사람들과 마찬가지로 대략적인 추산을 해보고자 한다.

우선 성직자. 부속 성당을 포함해 본성당을 4만 개로 계산하면 부속 성당의 주임 사제를 포함해 전체 주임 사제 수를 단번에 산출할 수 있는데, 이것이 4만 명.

네 개의 본성당별로 주교 보좌 신부 또는 보좌 수녀, 이것이 만 명.

주교 성당의 수는 교구수와 동일하며, 20명의 참사회원

──그중 절반은 수녀── 별로 140명의 주교 또는 대주교, 이것이 2,800명.

국가적 차원에서 보면, 성직자 회의의 참사회원 수를 두 배 정도로 상정할 수 있는데, 이것이 5,600명.

이 밖에 단순한 성직자 숙소나 수도원, 수도원장 관사와 예배당 같은 곳에 있는 성직자의 수를 그대로 다 반영할 수는 없다. 더욱이 프랑스에서 대부분의 성직자 숙소는 알려지지 않은 상태이지 않은가. 주교와 참사회원이 동시에 수도사이며 수도원장이며 예배당 전속 신부이기 때문이다. 이중적으로 계산되는 것을 피하기 위해, 위에서 언급한 수에 포함되지 않은 성직자의 수를 3,000명으로 보면, 이것이 3,000명.

또한 어떤 종류의 성직도 갖지 않았으나 당연히 성직 신분에 속해 있는 사람의 수를 3,000명 정도로 생각할 수 있는데, 이것이 3,000명.

가속화된 진보 속에서 30년 전부터 감소한 수도사와 수사가 남아 있다. 오늘날 만 7,000명을 넘을 것 같지 않은데, 이것이 만 7,000명.

성직자 총 인구 8만 1,400명.

귀족. 이 신분에 속한 개인의 수를 파악하는 방법을 나는 한 가지밖에 알지 못한다. 귀족의 수가 가장 잘 알려진 지방을 모델로 하여 프랑스의 다른 지방과 비교하는 것이다. 브르타뉴가 이러한 지방에 속한다. 결코 귀족의 권위가 떨어지지 않기 때문인지, 귀족 가문들이 보유하고 있는 특권 때문인지, 브르타뉴에는 다른 지방보다 귀족의 수가 훨씬 많다는 점을 미리 밝혀두고자 한다. 브르타뉴에는 1,800개의 귀족 가문이 있는 것으로 계산되어 있다. 나는 아직 귀족 신분을 얻지 못한 가문들까지 포함해 2,000개 정도로 본다.

각 가문당 5명이 딸려 있다고 추산하면, 브르타뉴 지방에는 모든 연령과 성별을 포함해 만 명의 귀족이 거주하고 있는 셈이다. 브르타뉴의 전체 인구는 230만 명이고, 이를 프랑스 전체 인구와 대비하면 1:11 정도가 된다. 따라서 만 명 곱하기 11을 하면 국가 전체의 귀족 수는 최대 11만 명이라고 볼 수 있다.

따라서 첫 두 특권 계층의 총인구는 20만 명에도 미치지 못한다.[20] 이 수와 2,500만 내지 2,600만이라는 주민 수와 비교해보고 문제점을 판단해보라.

마찬가지로 명백한 또 다른 원칙들을 고려해 현실적으로 동일한 해답에 이르고자 한다면, 법률에 의해 면제를 부여받은 대부분의 시민 계급들이 특권 신분자들이라는 점을 살펴보도록 하자. 모든 사회는 공통의 법률에 의해 다스려져야 하며, 공통 신분에게 위탁되어야 한다. 예외를 허용하더라도 드물게 허용해야 하며, 어떠한 경우라고 예외가 공적인 활동과 동일한 비중을 갖거나 공통의 원칙과 동일한 영향력을 가질 수 있어서는 안 된다. 현실적으로 국민 전체의 크나큰 이익과 면제된 사람의 이익을 어떤 방법으로든 가름할 수 있다고 여기는 것은 몰상식한 일이다. 전체의 이익을 흔들게 되기 때문이다. 이 문제에 대해서는 제6장에서 보다 자세하게 살펴볼 것이다 제3신분의 너무나 자제된 요구로 인해 오늘 사람들이 겪는 모든 어려움을 몇 년이 흐른 뒤에 회상하게 되면 그 때 사람들은 자신들이 대적하고 있는 명분의 가치에 다소 놀라게 될 것이며, 또한 감히 추구하고자 했던 뻔뻔스러운 비형평성에 대해서는 훨씬 더 놀라게 될 것이다.

제3신분에 대해 사실상의 권력을 내세우는 사람들도 성실한 사람들이라면 여기서 자신들의 행위의 원칙을 읽을 수 있을 것이다. 필리프 4세 때는 삼부회에 하나의 평민원을 구성하기 우해서는 적은 수의 의지 있는 도시가 존재하는 것만으로도 충분했다.

이때부터 봉건적 노예 상태는 사라졌으며, 농촌의 수많은 신시민을 배출했다. 도시들은 확대되고 팽창했다. 그러한 도시에서 상업과 예술이 많은 새로운 계층을 탄생시켰다. 이 계층들에는 많은 여유로운 가정들, 가족들 태반이 교육을 잘 받았고 국가의 공적 활동에 결부되어 있는 그런 가정들이 있다. 전체 국민의 비율로 볼 때 의지 있는 도시가 과거보다 훨씬 많아져 두 배의 성장을 이루었다면, 제3신분을 위해 두 개의 새로운 의회를 만들 권한을 왜 주장하지 못했을까? 형평과 훌륭한 정치가 결합됨으로써 그러한 요구를 하는 것이 가능했는데 말이다.

프랑스에서 일어나고 있는 또 다른 성장과 관련해서도 또한 불합리함이 과감하게 지적되지 못하고 있는데, 나는 지난번 삼부회 이후 프랑스에 합병된 새로운 지방들에 대해 언급하고자 한다. 어느 누구도 감히 이 새로운 지방이 1614년의 삼부회에서 가졌던 대표자 수 이상으로 대표자를 갖지 못한다고 말할 수 없다. 생산과 기술이 본국에서처럼 새로운 부, 새로운 조세 새로운 주민을 창출하고 있지는 않지만, 그래도 본국의 성장과 비교하기가 너무나 용이한 어떤 성장이 있었을 텐데, 왜 1614년 삼부회에서 가졌던 대표자 수 이상을 새로운 지방에 할당하는 것을 거부하는가 말이다.

자신들의 이익에만 귀 기울일 줄 아는 사람들에게 이유를 묻고 싶다. 그들에게 접근하려면 다른 식의 고려가 필요하다. 내가 한 가지를 제시해보겠다. 귀족들에게 중세 고딕 시대의 언어와 태도를 오늘날에도 유지하도록 하는 것이 적합한 일인가? 제3신분에게 고대 노예 시대의 무기력하고 비참한 풍속으로 인해 18세기 말에 와서까지 괴로워하도록 하는 것이 적합한 일인가? 제3신분이 스스로 자기 자신을 알고 존중한다면 다른 신분 역시 당연히 제3신분을 존중할 것이다! 고대의 신분 간 관계는 양쪽에서 모두 바뀌었다는 점을 생각해보라. 보잘것없는 존재였던 제3신분은 그들의 산업을 통해, 부분적으로는 그들로 하여금 가장 강한 모욕에서 벗어날 수 있게 해주는 지위를 다시 획득했다. 제3신분은 자신의 권리를 다시 주장하기는커녕 그것을 돈으로 사는 데 동의했다. 사람들은 제3신분에게 그 권리를 복원해준 것이 아니라 그들에게 그 권리를 판 것이다. 그리고 제3신분은 이를 사는 데 동의했다. 어쨌든 결국 제3신분은 권리를 소유할 수 있게 되었다. 따라서 제3신분은, 전에는 어렴풋한 형체에 불과했던 제3신분이 오늘날에는 국가적 실체가 되고 있다는 것, 이 오랜 변화의 기간 동안 귀족은 아무 탈 없이 억압할 수 있는 얼토당토않은 봉건적 실체이기를 그쳤다는 것, 귀족은 이제 어렴풋한 형체에 불과한 존재가 되었다는 것, 이 나라가 세상에서 가장 야비한 곳으로 비치려는 게 아니고서야 이러한 어렴풋한 형체가 아직도 헛되이 전체 국민을 두려움에 떨게 할 수는 없다는 것을 몰라서는 안 된다.

3. 세 번째이자 마지막 요구

삼부회에서는 신분별이 아니라 개인별로 투표할 것.

이 문제는 세 가지 측면에서 고려될 수 있다. 즉 제3신분의 입장에서, 특권 신분의 이익에 따라서, 그리고 상식적 원칙에 따라서. 첫 번째 관점과 관련해서는 이미 언급한 것 외에 더이상 덧붙일 말은 없을 것이다. 제3신분의 입장에서는 이러한 요구가 다른 두 신분에 의해 야기된 불가피한 결과라는 것이 명확하다.

특권 신분은 이 세 번째 신분이 동일한 영향력을 갖는 것을 꺼리며 그것이 헌법에 위배된다고 선언하고 있다. 이러한 논리 전개는 그들이 현재까지 한 계급에 대해 두 개의 계급으로 맞서온 부당한 우월성에 대해서는 전혀 위헌적인 것으로 생각하지 않은 채 제기한 것이어서 더욱 놀랍다. 그들은 자신들의 이익에 반할 수 있는 모든 것에 대해 거부권을 가질 필요성을 대단히 절실하게 느끼고 있다. 이미 20여 명의 저자들이 이러한 야망과 낡은 형태의 주장에 대해 논박했으므로 그 논리를 반복하지 않겠다. 나는 다만 하나의 의견을 피력하고자 할 뿐이다. 프랑스에는 권력 남용이 확실하게 존재하고 있고, 이러한 남용은 어느 누군가를 위해 행해지고 있으며, 이것은 제3신분에게는 거의 도움이 되지 않는다. 아니, 오히려 제3신분에게는 특히 해롭다. 그러면 이러한 상황에서, 권력 남용을 향유하는 자들에게 거부권을 남겨두는 한 과연 이러한 권력 남용을 타파하는 것이 가능한 일인지 묻고 싶다. 모든 정의는 힘이 없을 것이며, 모든 것은 특권 신분의 순수한 자비에만 의존해야 할 것이다. 고작 이것이 우리가 사회 질서에 대해 갖고 있는 기본 관념일까?

이러한 주제를 조명하기 위해 만들어진 원칙들에 따라, 즉 모든 개별 이익과는 무관하게, 사회학을 형성하는 원칙들에 따라 이 주제를 고찰하고자 한다면, 우리는 결국 이 문제에서 새로운 면을 접하게 될 것이다. 가장 확실한 관념을 깨버리지 않고는 제3신분의 요구도, 특권 계급의 기득권 옹호도 받아들여질 수 없다. 나는 이러한 의도를 가졌던 프랑스의 의지 있는 도시들을 비난하는 것은 결코 아니다. 의지 있는 도시들은 최소한 두 영향력 간의 균형을 주장함으로써 자기들의 권리에 접근하고자 했으며, 나아가 탁월한 진실을 공언하게 된 셈이다. 다른 신분들에 대한 어느 특정 신분의 거부권은 서로의 이익이 너무나 상반되는 국가에서는 모든 것을 마비시킬 만한 권한이라는 게 명백하니 말이다. 그리고 법률이 근본적으로 무능한 탓에, 결코 개인별로 투표하게 하지 않음으로써, 가장 큰 장애물이라고 볼 수 있는 진정한 과반수를 무시하는 데 이르게 될 것이 틀림없으니 말이다. 이러한 사실에 대해서는 이의를 제기할 수 없다. 그러나 형성되어 있는 바와 같은 세 개의 신분이 개인별로 투표하는 것에 합의할 수 있을까? 이것이야말로 의문의 실체인 것이다. 답변은 부정적이다. 당연한 원칙에 의거하면 그들은 결코 동일하게 투표할 수 없으며, 개인별로도 신분별로도 투표할 수 없다. 당신이 그들 속에서 확보한 얼마간의 비율로는 우리가 제시하는 목적, 즉 대표자 전체를 공통의 의사에 기속되도록 하려는 목적을 충족시킬 수 없다. 이러한 주장은 물론 설명과 증명을 필요로 한다. 제6장으로 이를 넘기는 것을 허용해 주었으면 한다. 진실이 혹시 잘못 비치지 않을까 항상 노심초사하는 점잖은 인사들을 불쾌하게 만들고 싶지 않기 때문이다. 제6장에 들어가기에 앞서, 오늘날과 같은 상황은 오직 특권 신분의 실수에 의해 야기된 것이므로, 따라서 특권층의 편을 들어주어 진실하고 정당한 것은 특권층의 힘에 있다고 말할 때가 되었다고 생각하고 있는 관념을 그들에게서 뿌리째 뽑아버리는 것이 필요하다.

제4장

정부가 시도한 것,
그리고 특권 신분이
제3신분을 위해 제안하는 것

사람들이 고마워할 만한 동기가 아니라 스스로의 과오에 의해 초래되었으며, 전체 국민의 자발적인 협력 없이는 이러한 상황을 치유할 수 없다고 확신한 정부는 국민을 위해 무엇인가 하기를 제안함으로써 정부의 모든 계획에 대한 맹목적인 동의를 정부의 이름으로 확보할 수 있다고 믿었다. 이러한 관점에서 칼론 수상은 지방 의회 계획안을 제출했다.

1. 지방 의회

제3신분의 정치적 무능력을 해소하지 않고는 전체 국민의 이익을 걱정한다는 것이 어느 한 순간도 가능하지 않았다. 정부 각료 역시 신분 구별을 모든 선한 희망에 반하는 것으로 느꼈으며, 따라서 시간이 지남에 따라 신분 제도를 폐지할 것을 계획했다. 최소한 이러한 생각에 의해 지방 의회의 첫 번째 계획안이 구상되고 작성되었던 것 같다. 이 계획안이 시민들의 개인적 신분을 고려한 것이 아니라는 것을 알아채자면 이를 상당히 주의 깊게 정독해야 한다. 이 계획안은 시민들의 재산 또는 현실 상태에 대해서만 다루고 있다. 이 안에 의하면, 각각의 목적에 있어 흥미로우며, 나아가 진정하게 국민 전체를 대표하게 돼 있는 것인 만큼 그 구성 방법이 더욱 중요한 이 지방 의회들에 대표로 참석할 수 있는 것은 신부, 귀족, 평민으로서가 아니라 재산 소유주라는 자격에 의해서였다.

재산 소유 등급은 네 가지로 구분되었다. ① 영주권(領主權). 영주권을 보유하고 있는 자는 귀족이건 평민이건, 성직자이건 속인이건 간에 첫 번째 계층에 속했다. 영주권이 없는 일반 또는 단순 자산가는 나머지 세 계층을 형성했다. 보다 자연스러운 분류는 노동의 성격이나 이익의 정도에 의해서, 즉 농촌의 재산과 도시의 재산에 의해서 정해질 수 있는 두 계층으로만 나누는 것이라 하겠다. 도시의 재산에는 가옥과 함께 모든 기술, 공장, 직업 등이 포함될 수 있을 것이다. 그러나 알다시피 이러한 두 계층의 분류 내에 통상적인 종교 재산을 포함시키는 것은 시기상조였다. 그래서 영주에게 속하지 않는 성직자의 단순 재산은 독립된 한 계층으로 분류되어야 하는 것으로 생각되었다. 이것이 두 번째 계층이다. 세 번째 계층에는 농촌의 재산이, 네 번째 계층에는 도시의 재산이 속했다.

이러한 재산 등급 중 세 가지는 세 신분의 시민에 의해서 구별 없이 보유될 수 있으므로, 네 개의 계층 중 세 개의 계층에는 귀족이건 평민이건 사제이건 아무런 차별 없이 포함될 수 있을 것이다. 두 번째 계층은 병원이나 성당의 재산 등을 대표하기 위해서 몰타에 거주하는 기사 작위 보유자나 심지어 비종교인까지도 역시 포함할 것이다.

공적인 문제들이 개인적인 신분에 관계없이 이 의회들에서 다루어짐으로써 조만간 세 개 신분 간에 하나의 이익 공동체가 형성될 것이며, 따라서 이러한 이익 공동체가 결국 일반 이익이 될 것이라고 생각하는 것은 당연하다. 국민은 모든 전체 국민이 함께 시작하게 되어 있는 곳, 즉 하나일 수 있는 곳에 의해 완성될 수 있을 것이다.

주무 장관의 너무나 명석한 사고도 이렇게 훌륭한 관점을 고찰하지 못했다. 이것은 그가 자신이 봉사하고자 하는 이익을 그다지 잘 보지 못했기 때문이 아니라, 자신이 망가뜨리고 있는 것의 현실적 가치를 전혀 이해하지 못했기 때문이다. 그는 개인적 신분에 대해 현명하지 못한 분류를 재확립했으며, 그러한 변화가 새로운 계획을 수립해야 할 필요성을 야기했음에도 불구하고 그는 모든 것이 자신의 의도를 벗어나지 않을 것으로 보고 수구하는 데 그쳤으며, 따라서 필요성과 보조를 맞추지 못함으로써 매일같이 쏟아지는 수많은 어려움에 놀라고 있었다. 특히 귀족은 족보를 도외시한 의회에서 어떻게 다시 태어날 수 있을지를 알지 못하고 있었다. 이러한 점에서 귀족의 불안감은 관찰자들에게는 즐거운 것이었다.[21]

이러한 지방 의회를 구성함에 있어서 나타난 모든 결점 중 가장 큰 결점은 인민의 자유 선거라는 자연스러운 기초 위에 지방 의회를 세우는 것이 아니라 지붕부터 시작한 것이었다. 그러나 제3신분의 권리를 다소 존중하기 위해 장관은 지방 의회에 제3신분 대표자의 수를 성직자 대표자와 귀족 대표자를 합한 것과 동일한 수로 통고했다. 지방 의회도 이러한 규정에 적극적이다. 그리하여 어떻게 되었을까? 특권 신분들 중에서 제3신분의 대표자들이 임명되었다. 나는 지방 의회들 중에서 52명의 의원 중 특권 계층이 아닌 사람이 단 한 명밖에 없는 그런 의회도 하나 알고 있다. 제3신분의 권리를 존중하기를 원한다는 듯이 지방 의회에 공개적으로 통보된 이후에도 제3신분의 입장을 고려한다는 것이 이러한 형편인 것이다.

2. 명사 회의

명사 회의는 한편으로는 희망을 좌절시켰으며 다른 한편

으로는 정부 각료를 기만했다. 명사 회의에 관해 살펴보는 데 칼론 수상의 탁월한 일 보다 더 정확한 것은 없다. "군주는 왕위와 전체 국민의 이익에 대해 명사 회의의 심의를 구하기 위해 그의 휘하에 이를 두 번 소집했다. 1787년 명사 회의는 무엇을 했는가? 왕위에 대항해 그들이 특권을 옹호했다. 1788년의 명사 회의는 무엇을 했는가? 전체 국민에 대항해 그들의 특권을 옹호했다." 특권을 가진 명사 회의에 심의를 구하는 대신에 지식을 가진 명사 회의에 심의를 구해야 했을 것이다. 어떤 문제를 자기 문제로 안고 있는 사람들 또는 실제로 그 문제에 관심을 갖고 있는 사람들에게 자문을 구하게 되면, 가장 연령이 낮은 개인이라 하더라도 이러한 문제에 대해 기만하지 않는다.

네케르 수상은 잘못 생각했다. 그러나 지방 의회에서 동일한 수의 제3신분을 허용하는 데 찬성 표를 던졌던 사람들이 삼부회에서는 이러한 동수에 대해 반대하리라고 그가 어찌 상상할 수 있었을까? 어쨌든 민중은 결코 그것에 속지 않았다. 민중은 결말을 예상할 수 있는 어떤 조치, 그중에서도 잘돼 봤자 전체 국민에게 해로운 지연을 초래할 뿐인 것으로 여겨지는 조치에는 항상 반대하는 것으로 알려졌다. 바로 여기에서 최근 명사 회의의 과반수를 사로잡은 몇 가지 근거를 전개해야 할 것 같다. 그러나 역사의 판단에 대해서는 예단하지 말자. 역사는, 가장 좋은 환경에 위치해 정의롭고 선하고 훌륭한 것을 거대한 전체 국민에게 명령할 수 있으며 그 래서 이러한 최상의 경우를 보잘것없는 집단 이익으로 더럽 히기를 선호하는 사람들, 또한 후손에게 편견이 민중의 정신 을 지배하는 사례를 물려주기를 선호하는 사람들의 편을 드 는 이야기만 서둘러 할 것이다.

살펴본 바와 같이 내각의 여러 시도들은 제3신분을 위해 서는 바람직한 결과를 가져오지 못했다.

3. 첫 두 신분의 애국적인 저자들

제3신분의 입장이 비특권 신분 스스로에 의해서보다 오히 려 성직자와 귀족 계급의 저자들에 의해서 강력하고 열렬하 게 옹호되었다는 것은 놀라운 일이다.

제3신분의 머뭇거림 속에서 나는 압제에 시달리는 사람의 몸에 밴 침묵과 두려움을 볼 수 있으며, 이는 압제와 현실 그 이상을 증명해 보여주는 것이다. 인간 제도의 기막힌 불공평 의 본질 밑바닥까지 뒤엎어버리지 않고서 사회 신분의 원칙 과 종식에 대해 진지하게 심사숙고하는 것이 가능할까? 정 의와 인성에 대한 주요 옹호자들이 첫 두 신분 출신이라는 것은 결코 놀라운 일이 아니다. 왜냐하면 재능이라는 것이 지식의 독점적 사용, 오랫동안의 반복에서 비롯되는 것이며,

또한 제3신분의 구성원들이 수많은 이유로 이러한 분야에서 두각을 나타내고 있다 하더라도, 공적 윤리의 횃불은 보다 높은 지위에 있어서 많은 사회적 지지를 얻을 수 있는 사람들, 선천적인 활기가 그래도 덜 망가져 있는 사람들에게서 우선적으로 나타날 것이기 때문이며, 사상뿐만 아니라 영혼과 관계 있는 이론들도 있음을 인정해야 하기 때문이다. 전체 국민이 자유에 이르게 된다면, 오래된 폐습을 가장 먼저 포기하면서, 국민 전체의 이익에 반하는 신분의 이익에 보조를 맞추는 위험천만한 짓을 하지 않고 오히려 보편적 정의의 원칙을 택한 이 애국적인 첫 두 신분 출신의 저자들에 대한 감사를 결코 잊을 수 없을 것이다. 그들에게는 공적인 명예가 부여될 것이며, 자유로운 조국을 위해 영혼을 불사르고 국가를 봉건주의의 잔해로부터 벗어나게 하려는 모든 노력을 고귀하게 여기는 시민들의 존경이 끊임없이 이어질 것이다!

첫 두 신분도 물론 제3신분에게 권리를 복원해주는 데 관심을 갖고 있다. 제3신분을 모르는 체해서는 절대 안 된다. 공적 자유의 보호자는 현실적인 힘이 있는 곳에서만 존재할 수 있다. 우리는 인민과 함께할 때만, 그리고 인민에 의해서만 자유로울 수 있다.

이런 중요성을 고려하는 것이 대다수 프랑스 국민들의 협소한 이기주의와 일상적 경박함보다 상위에 있다면, 적어도 프랑스 국민들은 여론의 돌발적인 변화로 인해 충격을 받지 않을 수 없게 될 것이다. 더군다나 이성의 힘은 매일같이 확장되고 있으며, 빼앗긴 권리의 원상 회복을 점점 더 요구하고 있다. 조만간 모든 계급은 모든 계약 참가자들로 하여금 서로 마주 보고 감시하고 기속하게 하는 계약, 즉 사회 계약의 울타리 내에 들어가야 할 것이다.[22] 이것은 헤아릴 수 없을 만큼 많은 이점을 불러올 것인가, 아니면 그 계급들을 전제주의의 제물로 삼게 될 것인가? 이것이 진정한 문제이다. 미개한 봉건주의의 기나긴 암흑 속에서 진정한 인간관계는 파괴되고 모든 관념은 전복되고 모든 정의는 부패했으나, 여명이 비치면 중세의 부조리는 사라지고 고대의 잔인한 행위의 찌꺼기들은 떨어져 나가고 자취를 감춰야 한다. 확실하다. 과거의 잘못된 것들을 변화만 시킬 것인가, 아니면 가장 아름다운 상태에 있는 사회 질서로 낡은 무질서를 대체할 것인가? 우리가 곧 체험하게 될 변화는, 모든 점에서 세 신분에게는 불행을 끼치고 오직 각료의 권한에만 유리할 수 있는 어떤 사회 내적인 전쟁의 결과일까? 아니면 명백하고 정당한 견해와, 관계된 모든 계급에 의해 대담하게 추진되고 강력한 상황에 의해 고무된 행복한 협력으로부터 예상되는 잘 관리된 당연한 결과일까?

4. 조세를 동일하게 부과하겠다는 약속

명사 회의는 세 신분에게 동일한 조세를 부담시키려는 의견을 공식적으로 피력했다. 우리가 그들에게 견해를 구한 것은 이러한 문제와 관련해서가 아니었다. 문제는 삼부회를 소집하는 방법이지, 삼부회가 취해야 할 논의가 아니었다. 또한 명사 회의가 밝힌 의견이란 것도 살펴보면, 가장 부유한 자나 심지어 가장 가난한 자나 모두 동일하게 납세하는 것에 대해 현재 재빨리 찬동하고 있는 개인이나 특정 사회단체 또는 최고 법원이나 상원으로부터 나온 것으로밖에 인식되지 않는다.

우리는 이 문제를 모르는 체할 수 없으며, 또한 그만큼 새로운 어떤 협력은 일부 대중의 간담을 서늘하게 했다. 물론 조세의 정당한 배분이 법률에 의해 공포될 때는 기꺼이 따를 생각이라는 것을 미리 보여주고 있다는 점에서는 잘된 것이며 칭찬할 만한 것이라고 여겨졌다. 그러나 이렇게 새롭고 합의를 이룬 민첩한 열성은 어디에서 오는가? 제2신분 측에서 오는가? 자발적으로 양도함으로써, 법률이 어떤 정의로운 행위를 하지 않아도 무방하게 되기를 제2신분은 희망하는 것일까? 삼부회가 해야 할 일을 예고하는 지나친 관심은 오히려 삼부회를 필요로 하지 않는 방향으로 끌고 가는 것이 아닐까? 나는 군주에게 다음과 같이 상소하는 귀족을 결코 비난하지 않는다. '폐하, 폐하께는 오로지 재정을 회복시킬 목적에서만 삼부회가 필요합니다. 신들도 제3신분과 동일하게 납세하기를 제안합니다. 그 초과분은 폐하보다 신들을 훨씬 더 불안하게 하고 있는 단일 의회의 구성으로부터 폐하를 벗어나게 할 수 있는 것이 아닐는지 생각해보십시오.' 아니다. 이러한 견해는 상상하는 것도 허용될 수 없는 것이다.

오히려 귀족이 제3신분에게 환상을 갖도록 하려는 것은 아닌지, 일종의 형평을 기대할 수 있다는 것을 대가로 제3신분의 현재의 청원에 변화를 주려는 것은 아닌지, 삼부회에서 제3신분이 그 무엇이 될 필요성을 약화시키려는 것은 아닌지 의심해볼 수 있다. 귀족은 제3신분에게 다음과 같이 말하고 있는 것처럼 보인다. '당신들은 무엇을 요구하고 있는가? 우리도 당신들처럼 납세하는 것, 이것은 정당하며 우리도 납세할 것이다. 그러니 내용적으로 당신들은 아무것도 아니고 우리가 전부였던, 또한 우리가 원하는 것에 대해서만 납세하는 것이 훨씬 수월했던 구체제는 그대로 두도록 하라.' 특권 계층에게는 강요된 포기를 대가를 치르고서 모든 권력 남용의 유지와 권력 남용을 더욱 확대하려는 희망을 얻는 것이 훨씬 유용할 것이다! 이러한 탁월한 거래를 위해서 인민 속에서 약간의 열광적인 선동이 필요하다면, 심지어 인민에게 부담을 다소 줄여주겠다고 말함으로써, 또 인민의 귓가에 평등, 명예, 박애 등의 단어가 울려 퍼지게 함으로써 인민을 감동시키고 인민의 마음을 사로잡는 것이 뭐 그리 어려운 일이 겠는가.

제3신분은 다음과 같이 답변할 수 있다. '우리보다 당신들에게 훨씬 더 유용한 조세에 대해서 당신들도 우리와 마찬가지로 부담을 짊어져야 할 시기가 확실히 도래했다. 당신들도 이렇게 비정상적인 불공평이 더 이상 지속될 수 없다는 것을 대단히 잘 예측하고 있었다. 설령 우리가 우리의 천품 안에서 자유롭다고 하더라도, 우리가 당신들보다 훨씬 많은 노력을 할 수도 없으며, 그럴 필요도 없으며, 그러기를 원하지도 않는다는 점은 명백하다. 우리 측의 유일한 해결책은, 자비와 명예가 프랑스의 기사(騎士)들에게 명하는 흔치 않은 일들에 대해서 그러는 것처럼[23], 당신들이 끊임없이 찬양하고 있는 이러한 포기 행위들[24]에 대해 다소 무관심을 보여주는 것이라고 할 수 있다.[25] 그렇다, 당신들도 납부해야 하지만 자비에 의해서가 아니라 정의에 의해서다. 당신들이 그것을 원해서가 아니라 그렇게 해야 하기 때문이다. 이제 우리는 당신들에게, 당신들이 그렇게 오랫동안 어떠한 동정심도 없이 다루어온 질서에 대한 모욕적인 동정심의 표시보다는 오히려 보통법에 복종하는 행위를 기대하고 있다. 이러한 문제가 다루어져야 하는 곳이 삼부회이며, 삼부회를 잘 구성하는 것이 오늘의 현안이다. 만약 삼부회에서 제3신분이 대표되지 않는다면 전체 국민이 삼부회에서 침묵하게 될 것이다.

삼부회에서는 그 어떤 것도 보통법에 따라 이루어질 수 없을 것이다. 우리의 참여 없이 모든 곳에 훌륭한 질서를 확립할 수 있는 방법을 당신들이 모색할 수 있다고 하더라도, 우리는 우리의 문제가 우리 없이 처리되는 고통을 더 이상 감내할 수 없다. 기나긴 세월 동안의 비참했던 경험으로 인해 우리는 지선의 선물이라고 할만한 어떤 훌륭한 법률의 확립에 대해서조차 불신하고 있다.'

특권 신분들은 금전적 면제를 단념하는 순간에도, 신분 간에 모든 것이 평등하다고 주장하는 데 싫증을 내지 않는다. 모든 것이 평등하다면 그들은 제3신분의 요구에 대해 무엇을 두려워하는 것인가? 제3신분이 공통의 이익을 공격함으로써 자기 스스로에게 상처를 입히려는 것을 상상할 수 있겠는가? 모든 것이 평등하다면, 제3신분이 정치적 무능력으로부터 벗어나는 것을 막으려는 이 모든 노력이 왜 필요한 것인가?

그러나 나는, 어떠한 영역에서도 어떠한 권력 남용도 허용될 수 없도록 보장해줄 기적적인 권력, 귀족으로 하여금 자기 할당분의 세금을 납부하게 할 유일한 방도인 이러한 권력이 프랑스의 어디에 존재하는지 묻고 싶다. 여전히 권력이 남용되고 있고 무질서가 횡행하고 있다면, 이를 누리는 자와 이 때문에 고통받고 있는 자 간에 모든 것이 평등하다고 어떻게 설명할 수 있겠는가?

모든 것이 평등하다! 다소 품격 있는 모든 지위와 모든 직위로부터의 가장 수치스러운 배제를 제3신분에게 명하고 있는 것이 소위 관념상의 평등이란 말인가? 모든 영역에서 이렇게 막대한 세입을 창출하기 위한 조세 증가분을 제3신분에게서 긁어모으고 소위 가난한 귀족에게는 면제해주는 것이 관념상의 평등이란 말인가?

특권 계급의 사람과 인민에 속하는 사람 간에 발생하는 모든 사건에서 인민이 아무런 잘못 없이 탄압받고 있는 것이 확실하지 않은가? 구체적으로 말해서, 인민이 감히 정의를 요구하려고 한다면 특권 계급에 있는 사람들에게 도움을 요청해야 하니 말이다. 특권 계급만이 모든 권력을 행사한다. 그리고 그들의 주요한 활동이라는 것이 평민들의 원성을 복종심이 부족한 것으로 보고 감시하는 것이 아닌가?

왜 경찰과 법정의 앞잡이들은 특권 계층과 관련해서는 심지어 명백한 위법 행위를 저지른 자에 대해서도 벌벌 떨면서 임무를 수행하고, 반면에 아직 고소된 상태에 불과한 가난한 사람은 그렇게 사납게 다루는 것인가?

사법적 영역에서 권한, 소환, 유예 통지서 등과 같은 모든 특권들은 누구를 위한 것인가? 이러한 특권을 가지고 상대를 꺾어버리고 와해시켜버리는 것이 비특권 계급인 제3신분을 위한 것이란 말인가?

시민들 중에서 세무 공무원과 모든 행정 부서 내 하급 관리들의 개인적인 학대에 가장 노출되어 있는 사람들이 누구인가? 제3신분의 구성원들이라고 항상 듣고 있다. 진정한 제3신분, 즉 어떤 면제도 향유하고 있지 않은 제3신분이다.

어째서 특권 계급들은 가장 가공할 만한 범죄를 저지르고도 거의 항상 형벌을 피하고, 또 가장 효과적인 사례를 공안 기관에게서 알아낼 수 있는 것인가?

만약 당신이 특권 신분의 죄인을 말로는 그의 신분을 박탈하기 위해, 그리고 그를 심한 체형을 감내하는 데 익숙한 그런 신분 집단에 분명히 속하게 하기 위해 감히 평민 신분으로 갖다 놓는다면 당신은 얼마나 엉터리없고 맹렬한 모욕을 받게 되겠는가. 만약 제3신분의 악당을 처벌하기 이전에 입법 기관이 그에게 귀족 증서를 부여해 그를 제3신분에서 몰아내려는 의도를 갖고 있다면 당신은 뭐라 말하겠는가?

법률은 특권 계급의 사람과 그렇지 않은 사람에 대해 다른 형벌을 규정하고 있다. 법률은 귀족 신분의 죄인을 상냥하게 대하고 있으며, 단두대 위에서조차 귀족을 공경하려는 것 같다. 몇몇 범죄를 모의하고 있는 자들에게만 유지시키는 것이 바람직한 이 가증스러운 구별에, 주지하는 바와 같이, 특권 없이 사형이 집행된 불행한 사람의 가족 전체에 대한 치욕이라는 형벌이 결부된다. 이러한 만행의 책임은 법률에 있다. 그런데 법률을 개혁하는 것을 거부할 것인가! 모든 사람에게 의무도 동일하고 범죄도 동일하다면, 어째서 형벌은 다를 수 있는가? 현 상황에서는 특권 계급에 대해 처벌할 때 이미 그 계급의 범죄 행위 때문에 고통받았던 전체 국민을 벌주고 또한 특권 계급을 명예롭게 하는 일이 반드시 동반된다는 것을 잘 생각해보라.

나는 다음과 같이 묻고 싶다. 사회를 아주 피상적으로 고찰한다면 귀족이 금전적 면제를 포기하는 순간부터 모든 것이 평등해질 것이라고 주장하는 것이 가능한가? 귀족은 금전에만 집착하고 있는 인간들이다. 금전 이외에 자유, 명예, 법 앞에 평등, 한마디로 말해서 사회적 권리에 관계되는 모든 것들에 완전히 마비된 그들은, 금화를 어떻게 하면 조금 더 또는 조금 덜 납부할 수 있을까 생각하는 것 외에 다른 일에 대해 노심초사할 수 있다는 것은 상상도 하지 못한다. 그러나 나는 이러한 천한 인간들을 위해서 이 글을 쓰고 있는 것이 아니다.

군사적 활동도 없이, 또한 이러한 신분의 제복도 없이, 심지어 평화로운 시기에도 무장하고 있는 듯이 보이는 배타적 특권에 대해 뭐라 말해야 할까? 특권 계급이 자신들의 생명, 재산, 명예를 방어하기 위해 무장한다면, 제3신분은 굳이 자신들의 생명, 재산을 유지할 필요가 없는 것일까? 자신들의 명예에 집착할 수 없는 것일까? 특권 계급을 대단히 꼼꼼하게 돌보고 있는 법률이, 특권 계급이 자신의 방어를 위해 무장하는 것보다 오히려 더 많이 특권 계급에게 혜택을 베풀고 있다고 감히 주장할 수 없는 것일까?

모든 것이 평등하다면, 귀족의 이익을 위한 이 방대한 법률집이 왜 필요한가? 어느 한 신분을 우대하는 것이 다른 신분의 희생에 의존하지 않고 가능할 수 있는 비밀을 당신은 찾아 낼 수 있는가? 이러한 개별 법률에 의해 귀족은 태어날 때부터 별도의 명령을 하기 위한 부류로 만들어지고 있다는 것을 당신이 이해한다면, 감히 양심을 저버리고 모든 것은 평등하다고 국민에게 주장하면서 전체 국민을 진정시키려고 애쓸 수 있겠는가![26]

가장 일반적이고 가장 편파적이지 않다고 여겨지는 법률들도 결국은 특권 신분들의 공모자인 셈이다. 법률들의 취지를 살펴보고 그 효과를 검토해보라. 법률이 누구를 위해 제정된것 같은가? 특권 계급을 위해 제정되었다. 누구에게 대항하기 위해 제정된 것 같은가? 인민에게 대항하기 위해서다. 기타 등등.

귀족이 인민과 같이 납세하는 데 동의했다는 이유로 인민이 만족하고 더 이상 아무것도 생각하지 않기를 바라는가! 새로운 세대들이 현재의 계몽기에 눈을 닫아버린 채, 지나간 세대들이 더 이상 참을 수 없어했던 탄압의 질서에 조용히 적응하기를 바라는가! 분노의 감정만 불러일으키는 끝없는 논제는 접어두기로 하자.[27]

제3신분에게 부과되는 모든 특별 세금은 폐지될 것이며,

의심의 여지 없이 그렇게 되어야 한다. 국가의 용역으로 가장 많은 이득을 보는 시민들이 가장 적게 세금을 내는 나라, 세금을 부담하는 것이 수치스럽게 생각되고 입법부가 부담을 적게 하도록 자격을 부여한 세금이 존재하는 나라, 그런 이상한 나라가 있었다. 건전한 사고에만 의존해서 본다면, 마치 악습보다 더 천한 다른 무엇이 없다는 듯, 그리고 이러한 천한 것 중에서 가장 천한 것이, 우리의 유일한 현실인 노동 계급에 있다는 듯, 노동이 채신없는 일로 여겨지는 나라, 소비하는 것이 존경스럽게 여겨지고 생산하는 것이 창피스러운 일로 여겨지는 나라, 힘든 작업이 천한 것으로 이야기되는 나라란 도대체 어떤 나라인가!

결국 지세,[28] 봉토세, 사용료 등과 같은 모든 용어는 정치적 언어에서 영원히 폐지될 것이며, 또한 입법부는 이러한 모욕적인 분류 때문에 우리나라에 자본과 산업을 가져오기를 꺼리는 외국인을 몰아내는 얼빠진 민족을 더 이상 취하지 않을 것이다.

나는 잘 구성된 단일 의회가 인민에게 확보해줄 이러한 장점과 기타 수천의 장점을 예상하고 있지만, 제3신분에게 훌륭한 단일 의회를 허용하는 어떠한 의회도 아직 전혀 보지 못하고 있다. 제3신분의 요구에서도 이 문제는 더 이상 나아가지 못하고 있다. 특권 계급들은 집요하게 자신들의 모든 이익을 옹호하고 있다. 그들 대표의 수적 비율이 얼마든 간에 그들은 두 개의 분리된 의회를 구성하기를 원하고 있고, 3분의 2의 표결권을 원하고 있으며, 각각의 의회에 거부권을 부여할 것을 주장하고 있다. 모든 개혁을 불가능하게 하기 위한 얼마나 탁월한 방법인가! 이러한 부동성은 첫 두 신분의 취향에 들어 맞을 수 있을 것이다. 그러나 제3신분이 이에 만족할 수 있겠는가? 징세 청구인이 즐겨 쓰는 '왜 바꿔? 우리는 잘 지내고 있잖아!'라는 말을 반복해 사용하는 것이 제3신분에게는 어울리지 않는다는 것을 우리는 잘 알고 있다.

5. 특권 신분들과 내각 공동의 친구들에 의해 제안된 타협책

내각은, 모든 안건을 정지시켜둔 채 내각이 기대하고 있는 원조의 허가 역시 유예시키는 의결 형태를 무엇보다도 두려워하고 있다. 심의 형식에 대해 특히 염려하고 있다. 최소한 재정 적자를 보충하는 데만 동의할 수 있다면, 내각은 다른 안건에 대해서는 더 이상 관심을 갖지 않을 것이며, 신분 대표들은 자기들이 원하는 문제에 대해 충분히, 그리고 오랫동안 논쟁할 것이다. 역으로, 신분 대표들이 여러 안건을 다루지 않을수록 내각은 과거의 무제한적 권력이 훼손되지 않았다고 느낄 것이다. 따라서 도처에서 타협적 방법이 유포되기 시작하고 있으며, 이러한 타협은 제3신분에게 치명적인 만큼 특권 계급과 내각에는 유용할 것이다. 제안의 내용은 세금으로 간주되는 모든 것과 보조금을 개인별 투표로 결정하자는 것이다. 그 이후에는, 내각이 주재하는 동안 평민들은 아무 성과 없이 의결하고 특권 신분들은 아무 염려 없이 누릴 수 있는 그러한 난공불락의 요새와 같은 그들의 의회로 신분 대표들이 물러나기를 원하고 있다. 그러나 제3신분이 그런 조잡한 속임수에 넘어가리라고 생각할 수 있는가? 비록 모든 의결을 위한 일반적 형식에 대해 사전에 합의했다고 하더라도 보조금에 대한 표결은 삼부회의 마지막 단계에서 이루어져야 하며, 물론 그렇게 되면 모든 계몽주의자와 모든 지식인의 경험을 의회에서 유지하는 것과 별반 차이가 없을 것이다.[29]

6. 영국 헌법을 모방하자는 안

귀족 신분 내에서 다양한 이해(利害)가 분출될 시간이 있었다. 귀족은 거의 두 부분으로 나누어지고 있다. 최고위에 있는 300~400개 가문에 속하는 모든 귀족은 영국의 상원과 유사한 형태의 상원을 설치할 것을 갈망하고 있으며, 그들의 자만심은 일반 귀족의 무리와 더 이상 뒤섞이지 않으려는 희망을 품게 하고 있다. 또한 고위 귀족은 기타 귀족들을 일반 시민과 함께 평민원으로 보내버리는 데 기꺼이 동의할 것이다.

　제3신분은 공통 이익에 반하는 이익을 가지고 있는 자를 평민원에 채워 넣는 제도, 제3신분을 조만간 압제와 무의 상태로 되돌려놓을 제도를 경계해야 할 것이다. 이러한 점에서 영국과 프랑스 간에는 현실적인 차이가 존재하고 있다. 영국에는 헌법에 의해 입법권의 일부를 부여받은 사람들 외에는 특권적 귀족이 없다.[30] 다른 모든 시민들은 동일한 이해 관계 속에 섞여 있으며, 이들을 다른 신분들과 구별되게 하는 특권이란 결코 존재하지 않는다. 그러므로 프랑스에서는 세 신분을 하나로 재결합시키려면 먼저 모든 종류의 특권을 폐지해야 한다. 귀족과 신부도 공통 이익 외에 다른 어떠한 이익도 갖지 않아야 하며, 법률의 힘에 따라 단순한 시민으로서의 권리만 행사해야 한다. 그렇지 않으면 세 신분을 아무리 동일한 명칭으로 재결합하려 해도 수포가 될 것이며, 세 신분은 합병할 수 없는 세 개의 이질적인 요소들을 이루게 될 것이다. 나는 모든 사회적 선에 가장 해로운 장치가 신분 구별이라고 보고 있으므로, 어느 누구도 내가 이러한 신분 구별을 옹호하고 있다고 비난하지는 않을 것이다. 이러한 불행 외에 또 다른 불행이 있다면, 특권의 유지에 의해서 이러한 신분들을 실질적으로는 분리시켜둔 채 명목상으로는 신분들을 뒤섞어놓았다는 것이다. 이것은 전체 국민에 대한 특권자들의 승리를 영원히 확립하게 될 것이다. 공적 안녕은 사회의 공통 이익이 도처에서 순수하게 뒤섞임 없이 유지되기를 요구하고 있다. 따라서 유일하게 선한 관점이자 유일하게 국민적인 관점인 이러한 관점에서 제3신분은 소위 평민원 내에 여러 신분을 받아들이는 것에 결코 찬동하지 말아야 할 것이다. 다른 신분들로 구성되는 평민원이라는 것은 끔찍하기 짝이 없는 발상이기 때문이다. 용어상으로도 모순이 있다고 할 수 있을 것이다.

이러한 제3신분의 저항은 소귀족에 의해서도 지지될 것인데, 소귀족은 자신들이 향유하고 있는 이익을 더 이상 자신들을 위한 것이 아닌 명성과 맞바꾸려 하지 않을 것이기 때문이다. 실제로 랑그도크에서 소귀족이 제후 정치에 대항해 궐기한 것을 주목하라. 일반적으로 인간들은 자기보다 상위에 있는 것은 평등으로 가져가기를 대단히 열망하며, 그래서 철학자의 모습을 보여준다. 그러나 자신들보다 하위에 있는 사람들에게서 동일한 원칙을 보게 되면 철학자라는 단어는 그들에게 지긋지긋한 것이 된다.

그러나 두 개의 의회라는 안은 우리 측에서 정말 두려울 정도로 많은 수적 지지를 받고 있다. 방금 지적한 차이는 현실이며, 신분별로 나누어져 있는 국민은 하나의 전체 국민과 결코 일치할 수 없다. 어떻게 당신은 너무나 다른 소재를 가지고 영국의 것과 동일한 정치적 건조물을 프랑스에도 세우기를 바라는 것인가?

당신은 하원 내에 첫 두 신분을 부분적으로 허용하기를 바라는가? 그렇다면 어떻게 하나의 평민원을 여러 신분으로 구성할 수 있는지를 우리에게 미리 가르쳐달라. 우리는 방금 증명한 바와 같이, 하나의 평민원은 동일한 공민권과 정치권을 가지고 있는 시민들이 총체여야 한다고 보고 있다. 이를 다르게 이해해, 불평등한 정치적·공민적 특권을 가지고 있는 시민들이 동일한 회의실 내에 의석을 차지하도록 함으로써 하나의 평민원을 형성할 수 있다고 생각하는 것은 우롱하는 것이라 할 것이다. 영국에서는 결코 이렇게 이질적인 결합을 찾아 볼 수 없다. 당신이 소위 평민원에 끌어들이고자 하는 이러한 귀족의 부류가 그리 오래지 않아 평민원 내의 대부분의 대표직을 가로채게 될 것이라는 점을 첨언하는 바이다. 제3신분은 실질적인 대표자를 갖지 못할 것이며, 귀족이 모든 것이고 전체 국민은 아무것도 아니라는 점에서 우리는 구체제로 돌아가게 될 것이다.

이러한 단점을 피하기 위해 제2원을 제3신분으로만 독점적으로 충당할 것을 제안하겠는가? 그렇다고 하더라도 당신은 당신의 현재 입장을 바꾸는 것은 아니다. 이것은 심지어 두 개의 특권적 신분을 규합시키는 것 이상으로 불행한 일이다. 당신은 이러한 동맹 관계를 통해서 특권 신분들로 하여금 평민 신분에 더욱 강하게 맞서게 할 것이다. 이 통합체는 두 개로 분리된 인민 집단 중에서 법률을 제정하는 일이 항상 자신의 소관이라는 것을 대단히 잘 알고 있는 내각의 권한에 대해서는 더욱 약해질 것이다. 더구나 나는 이러한 새로운 타협안 속에서 당신이 영국 헌법에 접근하고 있다고는 생각하지 않는다. 당신은 특권적 성격의 신분 구별을 정당화하고 확립하고 있으며, 전체 국민의 이익과 특권 신분의 이익을 영원히 분리하고 있으며, 증오 또는 심지어 특권층과 비특권층으로 구분된 모든 인민을 동요시키는 일종의 시민 전쟁을 영구화하고 있다. 반면 우리의 이웃 영국에서는 전체 국민의 모든 이익이 평민원으로 결집된다. 상원 의원 자신들도 공통 이익에 반하지 않으려고 조심하며, 공통 이익은 당연히 평민원에 속하지만 그들에게 고유한 것이며, 특히 그들의 형제, 그들의 자녀, 그들의 가족 전체에게 고유한 것이다. 어떻게 성직자와 귀족을 결합하는 프랑스 의회와 영국의 상원을 감히 비교하려고 하는가! 당신이 프랑스 신분 의회를 어떤 형태로 제시하건 간에, 그것이 본질적으로 가지고 있는 일련의 모순점을 피할 수 없을 것이다. 설령 당신이 그것을 프랑스의 전체 성직자와 귀족의 실질적인 대표자로 구성한다고 하더라도, 이것은 이미 우리가 언급한 바와 같이 두 개의 이익을 영원히 분리하는 것이자 하나의 전체 국민을 형성하려는 희망을 꺾어버리는 것이 될 것이다. 당신이 상원을 설치하고자 한다면, 당신은 대단히 균일하거나 또는 가장 저명한 일정 수의 가문에 의해 선출된 대표자들로 상원을 채울 수도 있을 것이며, 또는 영국의 모델에서 덜 벗어나기 위해 상원 의원의 자격을 세습 귀족 또는 최소한 당대 종신 귀족으로 규정할 수도 있을 것이다. 이러한 모든 가설은 어려움을 증폭시키기만 할 뿐이다. 또한 이러한 가설은, 두 부분으로 나누어져서 결국 괴상망측하게 되어버린 평민원에 대한 상상을 불가피하게 한다. 게다가 상원을 창설하는 것이 영국 군주의 마음에 들 때는 상원을 단일 시민 계급으로만 구성하지 않을 수 없으며, 새로운 차이가 있다면 귀족에 대한 우리의 생각을 완전히 혼란스럽게 만든다는 것이다.

마지막으로 언급할 것이 있는데, 이는 세습 의원들 혹은 종신 의원들로 구성된 상원을 가정하는 데서 자연스럽게 도출된다. 어떠한 경우에도 이러한 인물들이 전체 국민의 대표자가 될 수 없는 것은 확실하지만, 이들이 전체 국민 대표자의 권한을 행사할 수는 있을 것이다. 솔직히, 평민원 소집이 대단히 곤란해지는 그런 상황을 예측하는 것이 불가능한 일일까? 쉽사리 생각할 수 있는 수많은 이유로 우선 소집 시기를 상당히 늦추어버릴 수 있을 것이다. 또한 시간이 대단히 촉박한 경우에는 상원이 일정한 기채(起債)와 일정한 법률 등에 미리 동의하기 위해 상원이 적절하게 소집될 것이다. 그 이후의 절차가 어떻게 진행될지는 독자의 상상에 맡기겠다. 결국 우리가 예전에 그토록 냉대했던 동일한 조정Cour plénière에 이르게 되어야 좋겠는가! 우리가 항상 벗어났다고 믿고 있었던 위험으로 우리를 끌고 갈 수 있는 계획을 따르지 않는 것이 허용되어야 한다고 나는 생각한다. 우리가 왕립 의회나 봉건 의회를 필요로 하지 않는 것은 확실하다. 이 항을 마치기 전에, 나는 의회의 분리가 신분별 분리일 수 있다는 점에서만 의회 분리를 비판했다는 것을 말해두겠다. 이두 가지 개념을 별도로 파악해야 한다. 나는 전체 국민의 거대한 대표자 수의 3분의 1씩으로 각각 구성된, 모든 점에서 동일한 세 개의 의회를 주장하는 첫 번째 사람일 것이다. 하나의 일체로 간주될 수 있는 세 개의 의회가 서로 일치를 보지 못하는 모든 경우에 출석 의원 과반수에 의해 항상 단일한 공동 결의에 이를 수 있도록 하기 위해서는《실행 방법에관한 고찰*Vues sur les moyens d'exécution*》89쪽과 90쪽에 지적한 방법을 이러한 새로운 계획 속에 채택해야 할 것이다.

7. 모방 정신은 우리를 잘 인도하기에 적합하지 않다

정치적인 자각이 우리보다 더 오래되었고 더 널리 퍼져 있음에도 우리는 영국의 제도에 깊은 신뢰감을 갖지 못할 것이다. 이렇게 본다면 프랑스 국민은 대단히 어린 층이나 대단히 늙은 층으로 구성되어 있다. 매우 많은 곳에서 서로 접근하고 있는 이 두 연령층은 또한 실제 사례에 의해서만 서로를 인도할 수 있다는 점에서 서로 닮아 있다. 어린 층은 모방할 것을 찾고 있으며, 늙은 층은 반복하는 것만 알고 있다. 늙은 층은 자신들의 고유한 관습을 고수한다. 어린 층은 타인의 관습을 모방한다. 이것이 그들 능력의 한계이다.

따라서 계몽기에 겨우 눈뜨기 시작한 어떤 국민이 영국 헌법 쪽에 관심을 갖고 무엇보다 그것을 모델로 하려는 것은 놀라운 일이 아니다. 이러한 때에는 어떤 훌륭한 저자가 우리를 깨우치기 위해 다음과 같은 두 질문을 다루어주는 것이 대단히 바람직할 것이다. 영국의 헌법은 그 자체로 훌륭한가? 훌륭하다면 그것이 프랑스에도 적합할 수 있는가?[31]

이렇게 대단히 찬양되는 걸작품이 현실적인 정치 상황의 원칙에 따라 행해지는 공정한 심사를 잘 견뎌낼 수 없을까 봐 나는 두렵다. 영국 헌법은 아마도 이성적인 해명보다는 우연과 상황의 산물로 인식될 수 있을 것이다. 영국의 상원은 명백히 명예 혁명기의 영향을 받았다. 이미 언급한 바와 같이 우리는 영국 헌법을 거의 중세기에 대한 맹목적 집착의 기념물로 볼 수 있다.

국민의 대표를 보면, 영국인들 스스로가 고백하는 바와 같이, 모든 요소에서 얼마나 잘못되어 있는가! 훌륭한 대표의 특징은 훌륭한 입법 기관을 구성하는 데 보다 본질이 있다는 것이다.

입법권을 세 부분으로 나누고 그중 하나를 전체 국민의 이름으로 불리도록 하는 발상에 따른 진정한 원칙에 영국 헌법은 부합하는가? 귀족과 군주가 전체 국민의 대표자가 되지 못하면 그들은 입법권을 전혀 가질 수 없다. 전체 국민만이 자신을 위해 원할 수 있으며, 결국 자신을 위해 법을 만들 수 있기 때문이다. 입법 기관에 속하는 모든 사람은 인민으로부터 위임받고 있는 만큼만 인민을 위해 투표할 권한을 갖는다. 그러나 자유 선거와 보통 선거가 없다면 위임은 어디에 있는가?

영국 헌법은 이것이 제정된 시기에 놀라운 작업이었다는 것을 나는 부인하지 않는다. 그러나 영국 헌법 앞에 굽실거리지 않는 어느 프랑스인에 대해 사람들의 비아냥거림이 준비되어 있다고 하더라도 나는 감히 주장하겠다. 나는 영국 헌법에서 훌륭한 질서의 간결함을 보는 것이 아니라 무질서를 피하기 위해 조심스럽게 놓은 더미를 볼 뿐이다.[32] 그러나 모든 것이 정치 제도와 연결되어 있는 것처럼, 인과의 법칙에 따라 원인 없는 결과란 결코 있을 수 없는 것처럼, 또한 보다 많은 주의를 할수록 일정한 한계를 넘어설 수 있는 것처럼, 대단히 머리 좋은 수재가 영국 헌법을 통해 보다 심오한 것을 깨닫는 것도 결코 놀라운 일은 아닐 것이다. 결국, 가장 복잡한 구조들이 다른 모든 기법과 마찬가지로 사회적 기법l'art social[33]의 실질적인 진보를 앞당기는 것은 바로 이러한 일반적인 이치를 배경으로 한다. 영국 헌법의 승리는 단순한 방법들에 의해서 가장 큰 효과를 가져온 것과 같다.

영국 헌법이 100년 이상 지속되고 있고 몇 세기 동안 지속될 수 있으리라는 이유로 영국 헌법에 호감을 갖는다면 이는 잘못된 것이라 하겠다. 인간의 제도치고, 아무리 나쁜 제도라해도 대단히 오랫동안 지속되지 않은 것이 어디 있는가? 전제주의 역시 거의 대부분의 나라에서 유지되고 있으며, 영원할 것처럼 보이지 않는가?

가장 좋은 증명은 영국 헌법의 효과를 고찰해보는 것이다. 이러한 점에서 영국 인민과 대륙에 있는 이웃 나라 인민들을 비교해보면, 영국 인민이 보다 좋은 것을 갖고 있다고 믿지 않기는 어렵다. 사실 영국 인민은 비록 불완전하지만 헌법을 갖고 있으며, 반면 우리는 아무것도 갖고 있지 않다. 그 차이는 대단한 것이다. 우리가 그 차이의 결과를 깨닫는 것은 놀라운 일이 아니다. 그러나 영국에 존재하는 훌륭한 모든 것을 오로지 헌법의 힘으로만 돌리는 것은 확실히 판단 착오에 해당한다. 헌법 그 자체보다 더 소중한 가치를 가진 그러한 법률도 분명히 존재한다. 나는, 자유롭기를 열망하는 모든 국가에서 개인적 자유의 실질적인 수호자인 배심원의 평결에 관해 언급하고자 한다. 정의를 구현하려는 이 방법은 상원에 의해 재판되지 않는 모든 나라에서, 너무나 빈번하고 너무나 위험한 사법권 남용을 방지해주는 유일한 것이다. 이와 함께 자유롭기 위해서는 내각의 권한에서 나타날 수 있는 위법적인 명령을 전혀 두려워하지 않을 수 있어야 한다. 그러기 위해서는 영국이 결코 갖고 있지 않은 어떤 훌륭한 헌법이나, 집행권의수장이 독단적 의사를 공공연한 힘에 의해 확보할 수 없는 그런 정치 환경이 필요하다. 영국이 국민을 위해서 가공할 만한 보병을 갖지 않아도 되는 유일한 국가라는 것은 주지의 사실이다. 따라서 영국민은 훌륭한 헌법 없이도 자유로울 수 있는 유일한 국민이다. 이러한 고찰 정도면 우리로 하여금 우리 이웃을 모방하려는 집착에서 벗어나게 하기에 충분할 것이다. 오히려 우리의 요구를 살펴보면, 우리의 요구는 훨씬 우리 가까이에 있으며 우리를 더욱 고무할 것이다. 만약 당신이 영국 헌법을 계수하고자 한다면 물론 그 단점들도 쉽게 제거하지는 못할 것이다. 그 단점들이 어떤 장애가 염려되는 유일한 권력에 유용할 것이기 때문이다. 그것은 당신에게 유리한 것인가? 이것은 더욱 애매한 질문이다. 이로써 당신은 당신의 요구가 성취되지 못하도록 방해하는 데 관련된 힘에 직면하게 될 것이기 때문이다. 결국, 우리는 이 영국 헌법을 왜 이렇게 열렬하게 원하고 있는 것일까? 그것은 아마도 이 헌법이 현실 사회의 훌륭한 원칙에 접근해 있기 때문일 것이다. 또한 공익을 향한 진보를 평가해보면 영국 헌법은 모든 영역에서 훌륭하고 우수한 모델이다. 사회적 기법이 무엇인지를 보여주는 데 있어서도 이 모델이 1688년 영국에서보다 오늘날 우리에게 덜 알려져 있다고 말할 수 없다. 그런데 우리가 훌륭한 진짜 유형을 갖고 있다면 무엇 때문에 이렇게 훌륭한 것을 등한시하고 복사본이나 모방하겠는가? 국민들에게 우리 자신이 직접 표본을 제시하려는 야망을 단숨에 드높이자.

어떤 인민도 영국민보다 더 잘할 수는 없었다고들 말한다. 만약 그렇다면 정치 기법의 산물들은 17세기에 존재했던 것만 여전히 18세기 말에도 존재해야 한다! 영국민은 그 당시 계몽기에 있었던 것이 아니며, 우리도 계몽기에 있는 것이 아니다. 특히 역사에서 우리의 입장에 적합할 수 있는 것을 찾을 수 없다고 해서 낙담하지 말자. 사회 현실 상태에 관한 실제적인 연구는 멀리 거슬러 올라가지 않는다. 인류는 현실적으로 궁전을 지을 수 있게 되기까지 오랫동안 초가집을 지었다. 사회 발전 과정에서도 사회 제도의 구축'architecture social[34]이 더욱 완만하게 이루어졌다고 보는 이는 아무도 없는데, 이는 모든 기법 중에서 가장 중요한 이런 기법이 전제군주와 귀족을 받아들이는 방향으로는 결코 나아가지 않았기 때문이다.

제5장

우리가 행했더라면 하는 것

─이러한 관점에서의 원칙들

정신적으로 그 어떤 것도 단순하고 자연스러운 방법을 대체할 수 없다. 그러나 인간은 불필요한 시도에 시간을 빼앗기게 될수록 새로 시작한다는 생각을 두려워하게 된다. 마치 또 한 번 새로 시작하고 끝내는 것이, 결코 앞으로 나아감이 없이 끊임없이 새로 시작하게 하는 인위적인 힘과 사건에 침해되는 것보다 항상 더 가치 있는 것은 아니라는 듯이!

모든 국민이 자유롭고, 나아가 모든 국민이 자유로워야 하는 곳에서는 헌법과 관련해 제기되는 여러 가지 의견 충돌을 종식시킬 방법이 단 한 가지밖에 없다. 그것은 명사 회의에 의존할 것이 아니라 전체 국민 자체에 의존해야 한다는 것이다. 헌법을 가지고 있지 못하다면 헌법을 제정해야 하는데, 전체 국민만이 헌법을 제정할 권리를 가지고 있다. 몇몇 사람들이 끈기 있게 주장하고 있는 바와 같이 만약 우리가 헌법을 가진다면, 그리고 그들이 요구하는 바와 같이 헌법에 의해서 국민 의회가 시민의 세 신분에 따라 세 개의 대표로 나누어진다면 적어도 신분별로 각각 너무나 강한 입장이 되리라는 것은 명약관화한 일이며, 따라서 이러한 문제에 대해 고찰하지 않고는 우리는 더 이상 한 발자국도 나아갈 수 없을 것이다. 그러나 이와 같은 논쟁에 대해 결론을 짓는 것은 누구의 소관인가?

이러한 성격의 질문은, 사회적 문제에 대해서 정당하고 당연한 방법들은 거의 고려하지 않으면서, 국가의 동량이라고 불리는 자의 명성을 도처에서 드높일 수 있는 다소 복잡하고 다소 부당한 부자연스러운 과제들만을 큰 정치라고 평가하고 있는 자들에게 있어서만은 무관심한 것일 수도 있다. 우리는 결코 윤리라는 측면에서 시작하지 않을 것이다. 이 문제는 인간들을 그들의 개별 이익과 그들의 사회 또는 공통 이익에 연결해주는 모든 관계들을 해결하는 것이어야 한다. 우리가 해야 할 바를 우리에게 말해주는 것이 이 문제에 달려 있다. 즉 그것을 말해줄 수 있는 것은 이 문제밖에 없다. 단순한 원칙들이 천재의 모든 노력보다 훨씬 효과가 있는 만큼, 항상 단순한 원칙으로 돌아가는 것이 필요하다.

사회의 메커니즘을 이해하려면 반드시 사회를 하나의 기계처럼 분석해야 한다. 즉 각 부분들을 따로따로 고찰한 뒤 머릿속으로 조립해, 결국 그 전체를 파악하고 거기서 생겨나는 일반적인 조화를 이해해야 한다. 여기서는 그렇게 확장된 작업에 임할 필요가 없다. 그러나 그 방법은 항상 명백해야 하며 원칙 없이 떠벌리면 결코 명백해지지 않기 때문에, 우리는 독자들이 최소한 정치사회의 형성을 세 시기로 나누어 고찰하기를 바란다. 시기를 셋으로 구분하는 것은 필요한 명백성을 갖추기 위해서다.

제1시기에서는 서로 결합하고자 하는 상당수의 고립된 개인들이 상상된다. 이러한 단순한 행위에 의해서 그들은 이미 하나의 전체 국민을 형성한다. 그들은 전체 국민으로서의 모든 권리를 가지며 그 권리를 행사하는 것만이 문제가 되는 것이다. 이러한 제1시기는 개인적 의사들의 행사로 특정 지어진다. 기초 사회association는 개인적 의사들의 결과이며, 개인적 의사들은 모든 권력의 원천이다.

제2시기는 공통적 의사의 실행으로 특징지어진다. 구성원인 개인들은 자신들의 결합에 대해 견고성을 부여하고 싶어 하며, 그 목적을 완수하고 싶어 한다. 따라서 그들은 이에 대비하기 위한 방법과 공적 수요를 놓고 서로 협의하고 합의한다. 여기서 우리는 권력이 민중에게 속하는 것을 보게 된다. 개인적 의사들은 물론 항상 권력의 원천이며 권력의 본질적 요소를 이루지만, 따로따로 고찰되는 경우 그 권력은 사라져버리고 없을 것이다. 그 권력은 전체적 조화 안에만 용해되어 있다. 공동체에는 하나의 공통적 의사만 필요하며, 의사의 일치가 없으면 공동체는, 스스로 원하며 또한 효력이 있는 하나의 완전한 전체에 결코 이를 수 없다. 물론 이런 완전한 전체는 공통적 의사에 속하지 않는 권리는 어떤 것도 가질 수 없다.

시대 간격을 좀 뛰어넘어보자. 공통적 의사를 직접 용이하게 행사하기에는 구성원들이 수적으로 너무 많고 너무 광범위한 영토에 흩어져 있다. 그렇다면 어떻게 하는가? 그들은 필요한 모든 것을 공통적 의사에서 추출해 공적 급부를 공급하고 살피며, 전체 국민의 의사, 결과적으로는 권력이라는 부분의 행사를 그들 중 몇몇 사람들에게 위임한다. 여기서 제3시기, 즉 위임에 의해 운영되는 정부의 시기를 볼 수 있다. 위임에 의해 운영되는 정부에 관해 몇 가지 원리를 지적해보자. ① 공동체는 요구의 권리droit de vouloir를 결코 포기하지 않으며, 이것은 공동체의 양도 불가능한 재산이며, 공동체는 그 행사를 위임하는 것뿐이다. 이러한 원칙은 다른 것으로 발전된다. ② 대표자 단체라고 하더라도 이러한 행사를 전부 가질 수는 없다. 공동체는 대표자에게 전권을 위임할 수 없었으며, 훌륭한 질서 유지를 위해 필요한 부분만 위임할 수 있었다. 이러한 영역에서는 추호도 잉여분이 주어지지 않는다. ③ 따라서 대표자 단체는 위임된 권력의 한계에서 일탈할 수가 없었다. 이러한 자격은 스스로에게 모순될 것으로 생각된다.

제3시기에는 더 이상 실질적으로 작용하는 공통적 의사가 존재하지 않고 다만 대의적 공통 의사만 존재한다는 점에서 나는 제3시기를 제2시기와 구별한다. 대의적 공통 의사에는 두 가지 본질적 특성이 있는데 이를 다시 살펴볼 필요가 있다. ① 이 의사는 대표자 단체에게 전적으로 그리고 무제약적으로 존재하는 것이 아니며, 전체 국민의 커다란 공통적 의사의 일부분에 불과하다. ② 대표자들은 이를 고유한 권리로서 행사하는 것이 아니다. 이것은 타인의 권리이며, 공통적 의사는 그 위임에 의해서만 존재한다.

이제 이 책이 우리를 자연스럽게 인도할 일련의 고찰을 접어두고 이 책의 목적으로 나아가자. 한 사회의 정치적 헌법에 의해 우리가 이해해야 하는 것이 무엇인지를 알아보고, 헌법과 전체 국민과의 올바른 관계를 살펴보는 것이다.

일정한 목적을 위해 어떤 단체를 설립하려면 반드시, 의도된 작용을 완수시키기에 적합한 법률, 형태, 제도를 그 단체에 부여해야 한다. 이것이 바로 이 단체의 헌법이라고 불린다. 헌법 없이 단체가 존재할 수 없다는 것은 명백하다. 따라서 위임받은 정부는 모두 헌법을 가져야 한다는 것 역시 명백하다. 일반적으로 정부에 확실한 것은 정부를 구성하고 있는 모든 부분에도 또한 확실한 것이다. 따라서 입법권 또는 공통적 의사의 행사를 위임받은 대표자 단체는, 국민이 그 단체에 부여하고자 했던 존재 방식대로만 존재한다. 대표자 단체는 그것을 구성하는 형식 없이는 결코 존재할 수 없으며, 오로지 그러한 형식에 의해서만 작용하고 나아가고 명령

한다.

정부의 존재와 활동을 바란다면, 정부라는 단체를 구성하는 데 요구되는 이러한 필요 요건에다가, 대표된 공권력이 결코 위임자들에게 해로운 것이 될 수 없도록 함으로써 전체 국민이 보유하게 되는 이익을 추가해야 한다. 따라서 수많은 정치적 견제 조항이 헌법에 규정되고, 이러한 조항들은 정부에게도 또한 본질적인 규범들이 되며, 이러한 규범들에 근거하지 않은 권력 행사는 위법한 것이 되는 것이다.[35]

따라서 정부를 일정한 형식에 복종시킬 이중의 필요성이 있음을 알 수 있다. 즉 내적인 것이든 외적인 것이든 이 형식들은 정부의 설립 목적을 보장해주면서 동시에 정부가 그 목적으로부터 벗어나지 못하도록 보장해주는 것이다.

그러나 어떤 이익에 따라, 어떤 견해에 따라 주장한다고 하더라도, 우리는 전체 국민 그 자체에 하나의 헌법을 부여할 수 있을 것이다. 국민은 모든 것 이전에 이미 존재하고 있으며, 국민은 모든 것의 기원이다. 국민의 의사는 항상 적법하며, 국민의 의사가 곧 법률이다. 국민의 의사 이전에, 그리고 그 상부에는 자연법만이 있을 뿐이다. 국민의 의사에 의해서만 생겨날 수 있는 실정법들의 순서에 관해 올바른 생각을 갖고 싶다면 첫 번째 열에 헌법 법률을 둘 수 있으며, 이것은 두 부분으로 나누어진다. 한 부분은 입법 기관의 구성과 작용을 규정하며, 다른 한 부분은 다양한 능동적 단체의 구성과 작용을 결정한다. 이러한 법률들은 기본법으로 불리는데, 이는 이 법률이 국민의 의사와 독립될 수 있다는 뜻이 아니라 이 법률에 의해 존재하고 작용하는 어떠한 단체도 결코 이것을 변경시킬 수 없다는 뜻이다. 각 부분에서 헌법은 구성된 권력의 산물이 아니라, 구성하는 권력의 산물이다. 어떤 종류의 대표된 권력도 대표의 조건을 결코 변경할 수 없다. 바로 이러한 점에서 헌법 법률은 기본법이다. 입법부를 확립하는 헌법 법률인 첫 번째 헌법 법률은 모든 헌법 이전에 국민의 의사에 의해 제정되며, 이것이 헌법의 첫 번째 단계를 형성한다. 두 번째 헌법 법률은 마찬가지로 특별한 대표 의사에 의해 제정되어야 한다. 따라서 정부의 모든 기관들은 최종적으로 분석해보면 국민의 뜻에 종속하고 부응한다. 우리는 이 책에서 단지 순간적인 생각을 기술하고 있지만, 그것은 정확한 것이다.

이어서, 시민들을 보호하고 공통 이익을 결정하는 법률, 즉 엄밀한 의미에서의 법률이 어떻게 이미 구성된 입법 기관에 의해 형성되며, 나아가 그 구성 요건에 따라 변화하는지를 생각하는 것은 쉬운 일이다. 우리가 이러한 엄밀한 의미의 법률을 두 번째 열에 제시한다고 하더라도 이러한 법률은 가장 중요한 것이며, 헌법이 방법에 불과하다면 이 법률은 목적이다. 이 법률은 두 부분으로 나누어질 수 있다. 직접적 또는 보호적 법률과 간접적 또는 방침적 법률이 그것이다.

여기서는 이러한 분석에 대한 보다 깊은 전개는 삼가고자 한다.[36]

우리는 이미 제2시기에 헌법이 태어나게 되는 것을 보았다. 헌법이 오직 정부와 관련돼 있다는 것은 명확하다. 국민이 수임자에게 복종하기를 강요하는 헌법 또는 형식에 국민 스스로가 기속된다는 것을 전제하는 것은 어불성설일 것이다. 만약 하나의 국민이 되기 위해 실정적인 방법을 모색해야 했다면 결코 국민은 존재할 수 없었을 것이다. 국민은 자연법에 의해 형성되는 것이다. 반면 정부는 실정법에만 속할 수 있다. 실정법상 국민이 존재할 수 있는 모든 것은 국민이 존재하고 있다는 것만이다. 국민이 갖고 있지 않은 권리를 조금이라도 스스로에게 부여하는 것은 결코 정부의 의사에 따른 것이 아니다. 제1시기에 국민은 하나의 국민으로서 모든 권리를 가지고 있다. 제2시기에 국민은 그 권리를 스스로 행사하지만, 제3시기에는 공동체의 유지와 훌륭한 질서를 위해 필요한 모든 것을 대표자로 하여금 행사하게 한다. 이러한 단순한 논리를 벗어나면 우리는 부조리의 순환에 빠져버리게 될 것이다.

정부는 합헌적인 범위 내에서만 실질적인 권한을 행사하며, 정부에 부과된 법률에 충실한 한에서만 적법하다. 반면, 국민의 의사가 항상 적법하기 위해서는 단지 의사의 실체만이 필요하다. 의사의 실체가 모든 적법성의 원천이 된다.

국민은 헌법에 종속되지 않을 뿐만 아니라 종속될 수도 없고, 종속되어서도 안 된다. 이는 곧 국민이 헌법에 종속돼 있지 않다는 뜻이다.

국민은 헌법에 종속될 수 없다. 그러면 국민은 누구로부터 실정적인 형식을 받을 수 있는 것인가? 수많은 개인들에게 '내가 너희를 이러한 법률 하에 결합시키고 있으며, 너희는 내가 너희에게 명령한 바대로 하나의 국민을 형성할 것이다'라고 말할 수 있는 사전적인 어떤 권력이 존재하고 있는 것인가? 우리는 여기서 강탈이나 지배를 말하려는 것이 아니라 정당한, 즉 자발적이고 자유로운 기초 사회를 말하려는 것이다.

사실상 모든 형식으로부터 독립된 의사에 따른 첫 번째 행위에 의해서, 국민은 미래에는 다만 정해진 방식에 의해서만 요구하도록 기속할 수 있다고 말할 것인가? 첫째, 국민은 요구의 권리를 포기할 수도 없고 스스로에게 금지할 수도 없으므로, 국민의 의사가 무엇이건 간에 국민은 자기의 이익이 요구할 때 바로 그 의사를 변경할 수 있는 권리를 상실할 수 없다. 둘째, 이러한 국민은 누구에게 기속될 것인가? 국민이 어떻게 그 구성원, 그 수임자, 그리고 국민에 속하는 모든 것에게 의무를 부담시킬 수 있는지를 생각해보건대 국민은 어떤 의미에서든 스스로에게도 의무를 부과할 수 없지 않을까? 자신과의 계약이란 무엇인가? 동일한 의사가 두 가지

말로 표현될 수 있다면, 국민은 언제든지 선행 약속으로부터 벗어날 수 있다고 여겨진다.

국민은 그렇게 할 수 있을 때라도 실정적 형식의 속박에 빠져들지 말아야 한다. 그렇게 했다가는 아무런 대가 없이 자유를 잃어버리는 위험에 처할 수도 있다. 왜냐하면 폭정이 성공해 헌법이라는 구실 하에, 자기 의사를 자유롭게 표명하는 것과 나아가 전제주의의 사슬을 끊어버리는 것이 더 이상 가능할 수 없는 그러한 형식에 인민을 가두어버릴 수도 있을 것이기 때문이다. 우리는 지상의 전체 국민을 사회적 구속에서 벗어나 있는 개인들, 또는 이미 언급한 바와 같이 자연 상태에 있는 개인들로 생각해야 한다. 그들의 의사 행사는 모든 공민적 형식으로부터 독립돼 있고 자유롭다. 그들의 의사는 자연 질서 내에서만 존재하기 때문에, 그들의 의사로부터 모든 결과를 도출하기 위해서는 그 의사가 하나의 의사라는 순수한 성격만을 지녀야 한다. 국민이 어떤 방식으로 원하든 원하고 있는 것만으로 충분하며, 형식은 어떤 것이라도 좋으며, 국민의 의사는 항상 최고법이라 하겠다. 정당성 있는 사회를 상상함에 있어 우리가 순수하게 자연적인 개인의 의사를 기초사회의 형성을 위한 정신적인 힘으로 가정했으니 공통적 또는 자연적 의사와 유사한 어떤 힘을 어떻게 인정하지 않을 수 있겠는가? 국민은 결코 자연 상태의 바깥으로 나오지 않으나, 많은 위험 속에서 자기 의사를 표현할 수 있는 모든 방식을 갖고 있지 않다. 다음을 되풀이해 강조하는 것을 결코 두려워하지 말자. 국민은 모든 형식에서 독립되어 있으며, 국민이 원하는 것이 어떤 방식이든, 모든 실정법이 모든 실정법의 최상위 규범과 원천 앞에서 멈추는 것처럼 국민 앞에서 멈추도록 국민의 의사가 표출되는 것으로 충분하다.

이것은 우리의 원칙의 진실에 대한 한층 더 충분한 입증으로, 더 이상 새로운 증명은 불필요할 것이다.

국민은 헌법적 형식에 얽매이지 않아야 하며 얽매일 수도 없다. 만약 그러지 못한다면, 이러한 헌법의 각 부분들 간에 발생할 수 있는 주된 의견 충돌에서, 논란이 되는 헌법에 따라서만 행위할 수 있다고 길들여지고 지시받은 국민은 어떻게 될 것인가? 시민들이 자신들의 소송을 신속히 마무리할 수 있는 힘을 능동적인 권력 쪽에서 찾아내는 것이 공민적 질서에서 얼마나 중요한가 하는 점에 주목하자. 마찬가지로, 능동적 권력의 다양한 부분들은 예견하지 못한 모든 어려움에 직면했을 때 자유 인민의 이름으로 입법부에 결정을 구할 수 있는 자유를 가져야 한다. 그러나 입법부 스스로가, 또는 이러한 첫 번째 헌법의 다양한 부분들이 서로 의견 일치를 보지 못한다면 누가 최종 심판자가 될 것인가? 최종 심판자는 항상 하나여야 하고, 그렇지 않으면 무정부 상태가 질서를 승계하게 될 텐데 말이다.

헌법에 의해 구성된 기관이 그 헌법을 결정할 수 있다고 어떻게 상상할 수 있겠는가? 하나의 법적 기관으로 통합된 하나 또는 여러 개의 기관은 분리되어서는 존재할 수 없다. 권력은 전체에만 속한다. 하나의 부분이 이의를 표명하게 되면 전체는 더 이상 존재하지 않는데, 전체가 존재하지 않으면 그 전체가 어떻게 판단할 수 있겠는가?[37] 그러므로 만약 국민이 모든 헌법적 형식과 모든 규범으로부터 독립적으로 존재하지 않는다면, 그 부분들 간에 아무리 조그마한 장애라도 발생할 경우 그 나라에는 더 이상 헌법이 있을 수 없다는 것을 알아야 한다.

　이러한 설명이 우리가 제기했던 의문에 대한 답변이 될 수 있다. 당신이 프랑스 헌법이라고 믿고 있는 것의 부분들이 상호 일치하지 않는 경우는 항상 있을 수 있다. 그러면 결정하는 것은 누구의 소관인가? 모든 실정적 형식으로부터 독립적인——당연히 그래야 하는 바——국민의 소관이다. 심지어 국민이 정기적으로 삼부회를 열 수 있다고 하더라도, 헌법과 관계된 이견에 대해 판결하는 것은 구성된 그 기관의 소관이 아닐 것이다. 그것에는 원칙의 청원, 순환 논법만이 있을 것이다.[38]

　인민의 일반 대표는 공통적 의사에 해당하는 모든 부분을 헌법적 형식에 의해 행사할 임무를 띠는데, 이는 사회의 훌륭한 행정을 유지하는 데 필요한 것이라 할 수 있다. 이 일반 대표들의 권한은 정부의 문제에 한정된다.

특별 대표는 국민이 그들에게 기꺼이 어떤 새로운 권한을 부여하려고 하는 경우에 그 새로운 권한을 가질 수 있다. 통상적인 질서에서 벗어난 상황들에 의해 요구될 때마다 매번 거대한 전체 국민이 스스로 회합을 갖는다는 것은 현실적으로 불가능하므로, 이러한 경우에 국민은 필요한 권한을 특별 대표에게 위임해야 한다. 만약 국민이 당신 앞에서 회합을 가질 수 있고 의사를 표명할 수 있다면, 국민은 어느 하나의 형식으로만 이를 행사하지 않고 오히려 다른 형식으로 행사할 수도 있는데, 당신이 감히 특별 대표에게 그것을 토론하도록 할 수 있을까? 여기서 현실은 모든 것이며, 형식은 아무것도 아니다.

특별 대표 기관은 이러한 국민의 총회를 대리한다. 물론 특별 대표 기관이 국민의 의사 전부를 떠맡을 필요는 없고, 특별 대표 기관에는 대단히 희소한 경우에 특별한 권력만 필요하다. 그러나 특별 대표 기관은 모든 헌법적 형식으로부터 독립해 국민을 대체한다. 여기서는 권력 남용을 방지하기 위해 세심한 주의를 기울일 필요가 없으며, 이 대표자들은 일정 기간 동안 하나의 문제에 대해서만 대표하게 된다. 그들은 그들이 결정해야 할 헌법적 형식에 결코 구애받지 않는다. ① 이러한 형식들이 결정되지 않은 상태이므로 이 대표자들이 이 형식에 구애받는다는 것은 모순일 것이다. 헌법적 형식을 결정하는 것은 그들의 소관이다. ② 이 대표자들은 우리가 실정 형식을 규정해놓은 업무 영역에 대해서는 전혀 참견할 수 없다. ③ 이 대표자들은 헌법을 구체화해야 하는 국민 자체의 지위에 놓여 있다. 그들은 국민과 마찬가지로 독립적이다. 그들은 자연 상태에 있는 개인들이 요구하는 것처럼 요구하는 것으로 충분하다. 그들이 어떤 방식으로 대표하고 모이고 토론하든 그들이 인민의 특별 위원회로서 행위하는 것을 우리가 무시하지 않는다면(게다가 이를 위임한 국민이 어떻게 그것을 무시할 수 있겠는가?) 그들의 공통적 의사는 국민 자신의 의사로서의 가치를 지닌다.

나는 여기서 지금 논의되고 있는 새로운 위원회를 국민이 일반 대표에게 부여할 수 없다고 말하려는 것이 아니다. 물론 동일한 자연인들이 다른 단체를 형성하는 데 협력할 수도 있으며, 성질상 결코 혼동되어서는 안 되는 권력을 특별 위임에 의해 차례로 행사할 수도 있다. 그러나 특별 대표가 결코 일반 입법 기관과 유사하지 않다는 것은 언제나 변함없는 사실이다. 이들은 서로 별개의 권력이다. 일반 입법 기관은 거기에 부여된 형식과 요건 내에서만 활동할 수 있다. 특별 대표는 어떤 특별 형식에도 종속되지 않는다. 소수의 개인으로만 구성되는 특별 대표는 자기 정부에 헌법을 부여하고자 한다면 국민 스스로가 행하는 바와 마찬가지로 회합하고 의결할 수 있기 때문이다. 이것은 결코 무익한 구별이 아니다. 우리가 방금 주장한 원칙들은 모두 사회 질서에 필요불가결한 것이지만, 모든 것에 대비할 수 있는 행위 규범을 해결되지 않는 유일한 경우에 직면했을 때는 이것도 완전하지 않을 것이다.[39]

이 장의 제목으로 돌아가야 할 때가 되었다. 다음 삼부회에 대한 논박과 곤경에 직면한 우리는 무엇을 행해야 할 것인가? 명사 회의를 소집해야 할 것인가? 아니다. 국민과 안건들이 지리멸렬되도록 방치해야 할 것인가? 아니다. 이해 당사자들이 각자 자기 측근을 설득하는 데 참여하도록 그들을 조종해야 할 것인가? 아니다. 특별 대표라는 훌륭한 방법에 의존해야 할 것이다. 특별 대표가 자문을 구해야 하는 상대는 바로 국민이다.

다시 두 가지 질문에 대해 답해보자. 어디에서 국민을 찾을 수 있는가? 국민에게 의견을 구하는 것은 누구의 소관인가?

① 어디에서 국민을 찾을 수 있는가? 국민은 어디에 있는가? 모든 영토, 모든 주민, 그리고 국가 업무에 대한 모든 공납자를 망라하는 4만 개의 '파루아스paroisse'(최소 행정 구역) 내에 존재하며, 이것이 국민인 것은 당연하다. 20~30개의 파루아스로 '아롱디스망arrondissement'(행정구)을 형성해 1차 대표를 구성하는 것을 용이하게 하기 위해 영토적 구분이 요구되었을 것이다. 이와 유사한 구상에 따라 아롱디스망들은 '프로뱅스province'(지방)를 형성했을 것이며, 이 프로뱅

스들이 삼부회의 구성을 결정할 수 있는 특별한 권한을 가진 실질적인 특별 대표를 수도로 보냈을 것이다.

이러한 방법이 너무나 완만하게 진행되었다고 말하겠는가? 사실 이러한 방법은 문제를 뒤엉키게 하는 것으로만 끝낸 미봉책들의 결과에 지나지 않는 것이다. 게다가 문제는 시간을 가지고 교섭하는 것이 아니라, 그 목적을 향한 합당한 방법을 모색하는 것이다. 우리가 훌륭한 원칙들에 대해 경의를 표하고자 하거나 표할 수 있다면, 내가 대단히 영향력 있다고 생각하는 계몽주의자의 강의나 여론이 반세기 동안 할 수 있는 것보다 더 많은 것을 우리는 4개월 만에 국민을 위해서 할 수 있을 것이다.

시민의 과반수가 특별 대표를 임명하게 되면 세 가지 신분의 구별은 어떻게 되며, 특권 신분들은 어떻게 되는 거냐고 당신은 말할 것이다. 그들은 본래 존재해야만 하는 모습대로 된다. 내가 방금 제시한 원칙들은 명백하다. 모든 사회 신분을 거부하거나 또는 방금 제시된 원칙들을 깨달아야 한다. 국민은 항상 자신의 헌법을 개혁할 수 있는 주체이다. 특히 헌법에 논란의 여지가 있을 때 헌법은 스스로에게 확실함을 부여하지 않을 수 없다. 이 점에 대해서는 오늘날 모든 사람이 합의하고 있다. 설령 헌법 그 자체가 논쟁의 일부분에 불과하다고 하더라도, 논쟁 중인 사람에게 다루도록 하는 것이 불가능할 것이라는 점을 모르는가? 구성적 형식에 종속적인 기관은 모든 것을 그 헌법에 의해서만 결정할 수 있다. 헌법 이외의 다른 것으로부터 주어질 수는 없다. 그 기관은 부과되어 있는 형식과 다르게 행동하거나 다르게 말하거나 다르게 움직이면 곧바로 존재할 수 없게 된다. 따라서 이미 소집된 바와 같은 삼부회는 헌법에 관해 결정하는 데는 아무런 권한이 없다. 거듭 말하지만, 이러한 권한은 모든 형식과 모든 조건으로부터 독립적인 국민에게만 속하는 것이다.

이미 고찰한 바와 같이 특권 신분들은 이 문제에 대한 원칙과 관념들을 혼동시키기에 좋은 이유들을 가지고 있다. 그들은 뻔뻔스럽게도 6개월 전에 그들이 주장했던 것과는 반대되는 것을 오늘날 주장하고 있다. 과거에 프랑스에는 오직 하나의 함성만 있었지만, 우리는 결코 헌법을 갖고 있지 않았으며, 하나의 헌법을 제정하기만을 요구했다. 오늘날 우리는 헌법을 가지고 있을 뿐만 아니라, 헌법상의 특권 신분을 생각한다면, 헌법은 탁월하고도 난공불락인 두 개의 규정을 포함하고 있다. 첫 번째는 시민을 신분별로 구분하는 것이며, 두 번째는 국민의 의사를 형성함에 있어 각 신분에 평등한 영향력을 부여하는 것이다. 이러한 모든 것이 우리의 헌법을 구성하게 된다 하더라도 국민은 항상 이를 변경할 수 있는 주체라는 점은 이미 우리가 충분히 증명한 바이다. 보다 특별하게 검토해야 할 점이 있다면, 국민의 의사에 대해 각 신분에게 부여하고자 하는 이러한 평등한 영향력의 성격이다. 이제 우리는, 이러한 개념은 더할 수 없이 사리에 어긋나는 것이며, 헌법 속에서 조금이라도 평등할 수 있는 국민은 없다는 점을 살펴 보고자 한다.

정치사회는 구성원 개인들의 전체로만 존재할 수 있다. 국민이 자신은 국민이 아니라거나 또는 어떤 특정 방식에 의해서만 국민이라거나 하는 식의 결정을 내릴 수는 없다. 왜냐하면 이는, 다른 방식으로 보면 국민이 국민이 아니라는 얘기가 될 것이기 때문이다. 마찬가지로 국민은 국민의 공통적 의사가 더 이상 공통적 의사가 아니게 될 거라고 결정할 수는 없다. 우리가 도출하려는 결과를 생각한다면 너무나 단순해 어리석게까지 보일 이러한 이야기까지 군이 해야 한다는데서 서글픈 생각이 든다. 즉 국민은 공통적 의사, 즉 과반수에게 고유한 권리가 소수자에게 넘어갈 수 있다는 결정은 결코 할 수 없다. 공통적 의사는 스스로 파괴될 수 없다. 공통적 의사는 사물의 본성을 바꿀 수 없으며, 소수자의 의견이 다수자의 의견이 되게 할 수 없다. 그러한 결정은 정당하고 적법한 행위이기는커녕 미친 짓거리로 여겨진다.

만약, 프랑스 헌법에 의하면 20만 명의 개인이 공통 의사의 3분의 2에 해당하는 2,000만 시민보다 위에 있다고 주장한다면, 이것은 둘 더하기 둘이 다섯이라고 주장하는 것이 아닌가?

개인 의사들은 공통 의사의 유일한 구성 요소들이다. 우리는 여기에 참여하고 있는 가장 거대한 수를 법적으로 배제할 수도 없으며, 어떤 열 개의 의사는 한 개의 가치밖에 없는 반면 또 다른 열 개의 의사는 서른 개의 가치를 지닌다고 정할 수도 없다. 그것은 말 그 자체에 있어 모순될 뿐만 아니라 실제적으로 불합리하다.

공통 의사는 과반수의 의견이지 소수자의 의견이 아니라는 가장 명백한 이 원칙을 잠시라도 소홀히 한다면 논리를 언급하는 것은 헛된 일이다. 이렇게 되면 단 한 사람의 의사가 다수의 의사로 일컬어지는 경우가 생길 수 있으며, 더 이상 삼부회나 국민의 의사 등도 필요하지 않다. 귀족 한 사람의 의사가 열 사람의 의사의 가치를 가질 수 있다면, 각료 한 사람의 의사가 100명, 100만 명, 2,600만 명의 의사의 가치를 가지지 말란 법이 없을 것이기 때문이다. 같은 논리로, 국민의 모든 대표가 집으로 잘 돌려보내질 수 있을 것이며, 인민의 모든 주장이 억눌려질 수 있을 것이다.

이러한 원칙들의 당연한 결론을 더 이상 강조할 필요가 있을까? 일반 대표이건 특별 대표이건 간에 국민의 대표의 영향력은 자신을 대표하게 할 수 있는 권한을 가진 유권자의 수를 근거로 해서만 좌우될 수 있다는 것은 확실하다. 대표 기관은 그것이 해야 하는 일 때문에 항상 국민 그 자체의 지위에 있다. 대표 기관의 영향력도 동일한 성격, 동일한 비율, 동일한 원칙을 유지해야 한다.

결론적으로 모든 원칙들 중에서 완벽하게 합의된 것들을 정리해보면, 첫째, 특별 대표만이 헌법을 다룰 수 있거나 또는 우리에게 하나의 헌법을 줄 수 있으며, 둘째, 이러한 헌법 제정 대표는 신분별 고려 없이 구성되어야 한다.

② 국민에게 의견을 구하는 일은 누구의 소관인가? 만약 우리가 하나의 입법적 구성Une constitution législative을 가진다면, 그 기관의 각각은 국민에게 의견을 구할 권리를 가질 것이다. 법관에게 재판을 청구하는 것이 소송인에게 항상 열려 있기 때문이며, 또는 하나의 의사의 대변자들은 자기 위임자들의 견해를 듣지 않을 수 없기 때문이다. 그들의 위임을 설명하는 것이든 새로운 권한을 요구하는 상황에 대한 의견을 그들에게 주는 것이든 말이다. 그러나 우리는 마치 대표자들이 있었던 것처럼 생각하면서 대표자들 없이 두 세기 가까이 살고 있다. 우리는 결코 대표를 갖고 있지 않으니 과연 누가 국민의 대표 역할을 할 것인가? 이러한 질문에 대한 대답은 convocation이라는 단어에 집착하는 영국적 사고의 애매모호함을 차단해야만 가능할 것이다. 여기서 convocation은 국왕의 대권과 관련된 것이 아니라, '소집'이라는 당연하고 단순한 의미와 관련된 것이다. 이 단어는 전체 국민의 수요에 부응하는 '의견'과 공통적인 회합에 대한 '정보'라는 의미를 포함하고 있다. 그러면 국가의 안녕을 구실로 모든 시민이 억압되고 있을 때, 소집할 권한을 가진 사람이 누구인지 알아

보느라 시간을 낭비할 것인가? 차라리 다음과 같이 물어야 할 것이다. 그러한 권한을 갖고 있지 않은 사람이 누구인가? 이것은 국가에서 무엇인가 할 수 있는 모든 사람들의 신성한 의무이다. 보다 강력한 이유로 집행 권력이 이를 행할 수 있다. 왜냐하면 집행 권력은 단순한 개인들보다 더 효과적으로 시민 일반에게 통보하고, 회의 장소를 알려주고, 단체의 이익의 대립을 초래할 만한 모든 장애를 차단할 수 있는 보다 강력한 힘을 갖고 있기 때문이다. 물론 제1시민이라는 자격을 갖고 있는 공작이야말로 인민을 소집하는 데 다른 어떤 존재보다 더 관심을 가지고 있다. 설령 그가 헌법을 결정하는 데 권한이 없다 하더라도, 그 결정을 유발하는 데 있어서까지 무권한이라고는 말할 수 없다.

따라서 '우리가 행했더라면 하는 것은 무엇인가?'라는 질문은 결코 어려울 게 없다. 통상적인 국민 의회 헌법 제정을 위해 특별히 위임된 특별 대표를 수도에 파견하기 위해서 우리는 국민을 소집해야 할 것이다. 나는, 나아가 이러한 대표들이 그들 스스로 규정하게 되는 헌법에 따라, 또 다른 자격에 따라 곧바로 일반 의회를 구성할 수 있는 권한을 갖게 되는 것은 원하지 않을 것이다. 나는 그들이 오로지 전체 국민의 이익을 위해서 일하지 않고, 그들이 구성하게 될 기관의 이익에 너무 많은 관심을 갖게 되지나 않을까 염려할 것이다. 정치적으로 보면 지상에서 사회 질서의 확립을 끊임없이 불가능하게 한 것이 권력의 혼합이자 혼동이다. 따라서 구별되어야 하는 것을 분리하고자 할 때 비로소 우리는, 구성원들을 전반적으로 이롭게 하는 방향으로 설정된 인간 사회의 커다란 문제를 해결하게 될 것이다.

우리가 행했더라면 하는 것이 무엇인가 하는 주제를 놓고 왜 이렇게 장황하게 서술했냐고 사람들은 내게 물을 것이다. 사람들은 과거는 과거라고 말할 것이다. 그러나 나는 첫째, 우리가 무엇을 행했어야만 하는가에 대한 인식이 앞으로 우리가 무엇을 할 것인가에 대한 인식으로 연결될 수 있기 때문이라고 답변하고자 한다. 둘째, 특히 대부분의 사람에게 너무나 새로운 문제에 있어서는 진실한 원칙을 제시하는 것이 무엇보다 바람직하기 때문이다. 마지막으로, 제5장의 진실들이 제6장의 진실들을 설명하는 데 보다 도움이 될 수 있기 때문이다.

제6장

몇 가지 원칙들에서
진전시켜야 할 것

내각의 전제주의를 배격하겠다는 일념으로 세 신분이 공통의 적에 대항해 단합하고자 했던 시대는 이제 끝났다. 현재의 상황으로는 국민이 하나의 유용한 정당을 만드는 것도 불가능하며, 제3신분이 사회 질서로부터 수확을 거두어들이지 못하는 한 국민이 사회 질서를 향해 단 한 발자국도 나아갈 수 없지만, 첫 두 신분의 거만함은 프랑스 대부분의 도시가 인민에게 속하는 정치적 권리 중 아주 조그마한 부분을 주장하는 것을 보고도 화를 내며 흥분하고 있다. 그렇다면 자기들의 특권을 그렇게 열렬히 옹호하며, 제3신분이 이 영역에서 가장 필요한 것을 얻으려고 하는 것을 그렇게 신속하게 차단하는 이러한 특권 신분들은 무엇을 원하는 것인가? 특권 신분들은 우리가 환상을 품고 있는 쇄신을 자신들을 위한 것으로만 이해하고 있으며, 항상 불행하기만 한 인민을 그들의 귀족 정치의 확립과 확장을 위한 맹목적인 도구로 사용하기만을 원하고 있는 것인가?

국가의 두 번째 신분과 성직에 해당하는 첫 번째 신분이 도시민의 모든 요구를 따라다니며 방해했던 일종의 작태를 알게 되면 미래의 세대들은 무슨 말을 할까? 미래의 세대들을 은밀하면서도 공개적인 파벌, 위장된 거짓 근심,[40] 그리고 인민의 옹호자에게 뒤집어씌운 기만적 배신을 믿을 수 있을까? 애국 작가들이 후손을 위해 준비하고 있는 사실적인 저서들 속에는 모든 것이 빠짐없이 서술될 것이다. 심지어 아무리 이기주의에 빠져 있는 인간들에게도 약간의 애국심을 고취시키기에 너무나 적합한 상황이 되면 프랑스 대관들의 귀족적 행동이 알려질 것이다. 군림하고 있는 가문의 공작들이 어떻게 국가의 신분들 간에 벌어진 어떤 논쟁에서 어떤 태도를 취하기로 결심할 수 있었을까? 어떻게 그들은, 경멸할 만한 작가들이 자신들의 이름으로 출판된 엄청난 저작들을 통해 한편 가소로우면서 한편 끔찍한 험담을 뱉어내게 할 수 있었을까?

사람들은 제3신분의 몇몇 작가들의 과격함을 개탄한다. 고립된 개인이 사고하는 데도 격식이 있어야 하는 것인가? 전혀 그렇지 않다. 제3신분이 실제로 취할 수 있는 행동, 신뢰할 만한 행동은 시·읍·면과 국가의 일부 지역에 청원하는 것에 한정된다. 공작들을 공격하는 것을 대단히 삼가고 있는 인민들에게 공작들이 취하는, 똑같이 신뢰할 만한 행동이라는 것과 비교해보라. 제3신분의 청원은 얼마나 절제된 것인가! 얼마나 절도 있는 것인가! 공작들의 공격은 얼마나 과격한 것인가! 얼마나 불공평한 것인가!

제3신분은 자신의 정치적 권리의 복원과 완전한 공민권을 위해 모든 신분 간의 협력을 기대했으나 소용없는 일이었다. 권력 남용에 대한 개혁이 이루어지는 데 대한 두려움은 귀족들에게 자유에 대한 욕구를 느끼게 하기보다는 경각심을 불러일으킨다. 가증스러운 몇몇 특권과 자유의 갈림길에서 귀족들은 특권을 선택했다. 특권 신분들이 내심은 노예 상태를 두둔하는 것이었다. 귀족들은 전에는 그렇게 활발하게 내세우던 삼부회를 오늘날 두려워하고 있다. 그들에게는 모든 것이 잘 되고 있고, 개혁의 정신밖에 불평할 것이 없고 부족한 게 아무것도 없으며, 공포는 그들에게 헌법을 부여했다.

사고방식과 상황의 변화에 따라 제3신분은 자신들의 지식과 자신들의 용기 외에 더 이상 기대할 수 있는 것이 없다는 점을 주목해야 한다. 이성과 정의는 제3신분의 편에 있으며, 최소한 그것의 모든 힘을 확보해야 한다. 아니, 이제는 상대방과의 합의를 위해 노력할 때가 더 이상 아니다. 피압제자의 힘과 압제자의 격분 사이에서 어떤 합의를 기대할 수 있을까? 그들은 감히 결렬이라는 말을 발설했다. 그들은 그것으로 군주와 인민을 위협했다. 아, 됐다! 너무나 소망되는 이러한 결렬이 영원히 이루어진다면 국민으로서는 얼마나 다행한 일이겠는가! 특권 계층 없이 지낼 수 있다면 얼마나 편안하겠는가! 그들을 시민이 되도록 인도하는 것이 얼마나 어렵겠는가!

　제1신분을 공격한 귀족들은 자신들이 몇 개의 질문을 불러 일으키는 중대한 실수를 범했다는 것을 생각지 못했다. 노예상태에 길들어 있는 인민에게서 사람들은 진실들을 잠재우게 할 수 있다. 그러나 당신이 주의를 자극한다면, 당신이 진실과 실수 사이에서 선택을 하도록 알려준다면, 건강한 두 눈이 자연스럽게 빛을 향해 돌아가듯이 정신은 진실 쪽에 집착하게 된다. 또한 규범적인en morale⁴¹ 빛은 자의에 의해서건 타의에 의해서건 간에 반드시 형평을 향해 퍼져나간다. 규범적으로 진리는 권리와 결부되기 때문이다. 권리의 인식은 권리에 대한 감각을 깨어나게 하기 때문이다. 권리에 대한 감각은 결국 유럽인들에게서 결코 완벽하게 꺾이지 않은 자유의 용수철을 영혼의 밑바닥까지 튀어 오르게 하기 때문이다. 선하고 정당하고 유용한 모든 것으로 인도하는 이러한 소중한 원칙들의 몇몇을 우리 국민이 다행스럽게도 깨닫고 있다는 사실을 눈이 멀지 않고서야 인식하지 못할 수가 없을 것이다. 이 원칙들을 더 이상 잊어버릴 수도 없고 메마른 무관심 속에서 응시할 수도 없다. 이러한 새로운 상황에서는 압제에 시달리는 계층들이 좋은 질서로 복귀하고 싶은 욕구를 훨씬 강렬하게 느끼는 것이 당연하며, 이 땅에서 그렇게 오랫동안 추방되어 있었던 제일의 덕목인 정의를 사람들에게 부르짖는 것이 그들에게 더욱 이롭다. 따라서 국가적 복원을 위해 가장 많이 노력하고 거의 모든 전진을 이루어내야 할 사람은 제3신분이다. 더욱이 제3신분으로서는 보다 나은 상태에 이르지 못한다면 적어도 과거의 상태를 유지하는 것 따위는 중요하지 않다는 것을 미리 말해두고자 한다. 상황은 결코 무기력한 전략을 허용하지 않는다. 전진이냐 후퇴냐가 문제다. 당신이 이렇게 불공평하고 반사회적인 특권 신분들의 무리를 추방하기를 원하지 않는다면 당신은 그들을 인정하고 정당화하기로 작정하는 것이다. 그러나 이 18세기 말에 와서도 이 역겨운 봉건주의의 가증스러운 열매를 적법하게 인정할 수 있다는 것은 생각만 해도 피가 끓어오르는 일이다. 제3신분의 무기력이 그 비참한 조건 때문에 애국자들의 한숨과 눈물을 자아냈던 꽤 긴 시기가 있었다. 그러나 제3신분 자신이 불행을 자초하고자 한다면, 그리고 제3신분이 그 무엇이 될 수 있는 시기에 자발적으로 비굴과 치욕에 몸을 바치고자 한다면 그 어떤 명목으로, 어떤 감정으로 그것을 퇴색시켜야 할까? 우리는 약자는 동정했지만 무기력한 자는 경멸하게 될 것이다. 최악의 불행은 상상조차 하지 말자. 왜냐하면 그 최악의 불행은 2,500만의 인간을 가장 천한 단계로 가정해야 하는 것인 만큼 확실히 불가능할 것이기 때문이다.

귀족들이 자신들의 명예를 논하고 자신들의 이익을 챙기

는 동안 제3신분, 즉 국민은 힘을 키워나갈 것이다. 단체의 이점은 이기주의지만 국민의 이점은 힘이기 때문이다. 우리는 귀족들이 봉건적 언어의 가장 거만한 말로 제3신분을 모욕하는 즐거움으로 그들의 지긋지긋한 허영심을 키워나가고 있는 것을 그대로 내버려둘 것이다. 귀족들은 평민, 상놈, 천노 등의 단어를 반복해서 사용하고 있는데, 어떤 뜻을 담으려는 말이건 간에 이 표현들은 오늘날 제3신분과 관계 있는 것이 아니라 세 가지 신분에 공통된 것임을 그들은 잊고 있다. 또한 이 단어들의 의미가 정확하게 사용되던 시기에는 그들 중 99퍼센트가 필시 평민, 상놈, 천노, 그렇지 않으면 필경 불한당이었다는 것을 그들은 잊고 있다. 특권 신분들은 시대와 필연의 합작인 혁명에 눈을 감아버릴 테지만 헛된 일이다. 아무리 그래도 혁명은 역시 현실인 것이다. 과거에 제3신분은 노예 신분이었으며 귀족 신분은 모든 것이었다. 오늘날에는 제3신분이 모든 것이고 귀족이란 실속 없는 단어에 불과하다. 그러나 이 단어 밑으로 위법적으로, 그리고 오직 왜곡된 견해의 영향에 의해서, 참을 수 없는 어떤 새로운 귀족 정치가 스며들고 있다. 인민은 귀족 정치를 결코 원하지 않는 것이 백번 옳다.[42]

이와 같은 상황에서, 제3신분이 국민에게 유익한 방식으로 자신들의 정치적 권한들을 보유하기를 원할 경우 이들이 해야 할 일은 무엇인가? 두 가지 방법이 나타난다.

첫 번째 방법에 의하면, 제3신분은 별도로 회합해야 한다. 그리하여 제3신분은 귀족 및 성직자와는 결코 합의하지 않을 것이고, 신분별이건 개인별이건 그들과 함께 투표하지 않을 것이다. 제3신분의 의회와 다른 두 신분의 의회 간에 존재하는 거대한 차이에 주목해주기 바란다. 제3신분의 의회는 2,500만 명을 대표하고 전체 국민의 이익에 대해 심의한다. 통합될 수도 있을 다른 두 개의 의회는 약 20만 개인의 힘만을 가지고 있으며 그들의 특권만을 고려하고 있다. 제3신분만은 삼부회를 구성할 수 없다고 사람들은 주장할 것이다. 음! 잘된 일이다! 제3신분은 국민 의회를 구성할 것이다.[43] 이렇게 중요한 조언은, 훌륭한 원칙들이 제공하는 가장 명백하고 가장 확실한 모든 것에 의해서 정당화될 필요가 있다.

나는 성직자 대표들과 귀족 대표들은 국민의 대표와 전혀 공통점이 없고, 삼부회에서 세 개의 신분 간에 어떤 연합도 가능할 수 없으며, 그리고 결코 공동으로 투표할 수 없기 때문에 세 개의 신분이 신분별로도 개인별로도 투표할 수 없다고 말했다. 우리는 제3장을 마치면서 이 장에서 이러한 진실을 증명하겠다고 약속했다. 훌륭한 사람들이 서둘러서 이 진실을 민중 속에 전파시켜야 한다.

'힘이 없는 것보다 더 큰 약점은 없다'는 보편법상의 격언이 있다. 귀족은 성직자나 제3신분에 의해 대표되지 않는다는 것을 우리는 알고 있다. 성직자는 결코 귀족과 평민의 위임을 받지 않는다. 그러므로 각 신분은 하나의 개별적 국민이며, 따라서 다른 신분의 문제에 간섭할 자격이 없다. 이는 예를 들면 네덜란드의 삼부회나 베네치아의 의회가 영국 의회의 심의 내용에 표결할 수 없는 것 못지않게 각 신분이 다른 신분의 문제에 간섭할 권한이 없다는 뜻이다. 정당한 수임자는 그의 위임자들하고만 결합될 수 있으며, 대표는 그를 대표로 내세운 사람들을 위해서만 발언할 수 있다.44 만약 이러한 진실이 무시된다면 모든 원칙을 없애버려야 하고 이치를 따지는 일을 단념해야 한다.

그러므로 각 신분이 일반 의사를 형성하기 위해 합의하는 데 기준이 되는 비율이나 관계를 모색하는 것은 완벽하게 쓸데없는 일임을 알아야 한다. 이러한 의사는 당신이 세 개의 신분이나 세 개의 대표 관계를 내버려두는 한 단일할 수 없다. 이 세 개의 의회는 기껏해야, 마치 세 개의 동맹 국민이 동일한 욕망을 형성할 수 있는 것처럼 동일한 소망으로 결합할 수 있을 것이다. 그러나 당신은 결코 하나의 국민도, 하나의 대표도, 그리고 하나의 공통적 의사도 만들 수 없을 것이다.

아무리 확실한 것일지라도 이러한 진실들은, 정치적 형평과 이성의 보호 하에 형성되지 않은 국가에서는 거추장스러운 것이 된다는 것을 나는 알고 있다. 당신은 무엇을 원하고 있는가? 당신의 가옥은 아무런 멋이나 아무런 계획 없이 세

워진 볼품 없는 일련의 지주목에 의존해 기교적으로 서 있을 뿐이다. 붕괴 위험이 있는 부분들을 지주로 떠받치고 있는 것이 아니라면 말이다. 이것을 다시 짓든, 아니면 하루하루 곤궁과 불안 속에서 살아가다가 종국에는 그 잔해 더미에 깔려 으스러지든 둘 중 하나일 수밖에 없다. 사회 질서 속에서는 모든 것이 서로 관련돼 있다. 당신이 사회 질서의 어느 한 부분을 무시하면 다른 부분들도 무사할 수 없다. 당신이 혼란 상태로 시작하면 반드시 그에 따른 결과를 보게 될 것이다. 이러한 연계는 필연적이다. 음! 만약 부정의와 불합리로부터 이성과 형평 같은 결실을 도출할 수 있다면 이보다 더한 성공이 어디 있을까?

제3신분이 이른바 '삼부'라는 세 개의 신분이 아니라 국민의회를 구성하기 위해 따로 모인다면, 귀족과 성직자 두 신분이 인민을 위해 심의하는 데 적합하지 않은 것만큼이나 제3신분이 이 두 신분을 위해 투표하는 것이 적합하지 않을 것이라고 당신들은 주장하고 있다. 우선 나는, 조금 전에 언급한 바와 같이 제3신분의 대표들은 20만 귀족 또는 성직자를 제외한, 2,500만 내지 2,600만 개인을 확실하게 대리하고 있다는 점을 당신들에게 말하고 싶다. 이 정도면 국민 의회라는 칭호를 부여받기에 충분하다. 따라서 제3신분 대표들은 20만 명만을 제외한 전체 국민을 위해 어떠한 어려움도 없이 심의할 수 있을 것이다.

이러한 일시적인 가정 속에서 성직자는 무상 기증을 위해 성직자의 회합을 계속 유지시킬 수 있을 것이며, 귀족은 귀족의 원조금을 군주에게 제공할 어떤 방법을 가결할 것이다. 이 두 신분에 대한 특별한 조치들이 제3신분에게 결코 무거운 짐이 되지 않도록 하기 위해서, 제3신분은 다른 두 신분이 부담하지 않는 조세는 어떤 것도 납부하지 않을 것임을 강력하게 선언하는 것으로 시작해야 할 것이다. 제3신분은 이러한 요건에서만 원조금을 가결할 것이다. 그리고 심지어 분담금이 결정되었다 하더라도, 어떤 구실로든 성직자와 귀족이 면제받는 한 인민들로부터 징수하는 것은 불가능할 것이다.

이러한 조치는 그 외양에도 불구하고, 국민을 점차 사회적 단일체로 복귀시키는 데 다른 조치와 마찬가지로 바람직한 것일 수 있다. 그러나 어쨌든 제3신분은 지금부터 바로 이 국가를 위협하고 있는 위험을 막아내야 할 것이다. 사실, 인민이 어떻게 두 특권 단체를 보면서 공포에 사로잡히지 않을 수 있겠으며, 어떻게 이등분된 제3신분이 삼부회의 이름 하에 인민의 운명을 결정하고 인민에게 불행과 같은 불변적인 숙명을 부과하도록 내버려둘 수 있겠는가? 2,500만 명의 공포를 사라지게 하는 것은 너무나 정당한 일이다. 그리고 헌법을 논하는 것과 같은 일을 할 때는 우리가 알고 있고 우리가 주요한 요소로 존중하고 있는 것을 우리의 원칙과 파생원리에 의해 증명해야 한다.

성직자와 귀족의 대표들이 국민의 대표가 아니라는 점은 확고하며, 따라서 그들의 국민을 위해 투표할 자격이 없다.

그들로 하여금 일반 이익의 문제에 대해 의결하게 하면 어떤 결과가 생길까? ① 투표가 신분별로 실시된다면 2,500만 시민이 일반 이익을 위해 결정할 수 있는 것은 아무것도 없는 결과가 될 것이다. 일반 이익은 10만 또는 20만 특권적 개인의 환심을 살 수 없기 때문이다. 즉 100명 이상의 의사가 단 한 사람의 의사에 의해 금지되거나 사라져버릴 것이기 때문이다.

② 만약 투표가 특권 계급과 비특권 계급 간에 동등한 수로 개인별로 실시된다면 20만의 의사가 2,500만의 의사와 동등할 수 있게 되는 셈이다. 그 의사들은 동일한 대표자 수를 갖게 될 것이기 때문이다. 그러니 소수자의 이익을 위해 투표할 수 있는 식의 단일 의회를 구성하는 것은 기괴한 일이 아닌가? 즉 이것은 거꾸로 된 의회가 아닌가?

우리는 이미 제5장에서 과반수의 의사 내에서만 공통적 의사를 인정할 필요성을 증명했다. 이 명제에 대해서는 이론이 있을 수 없다. 이 명제에 따르면, 프랑스에서 제3신분의 대표자들이야말로 국민 의사의 진정한 수탁자에 해당한다. 따라서 그들은 전체 국민의 이름으로 아무런 장애 없이 의견을 발표할 수 있다. 왜냐하면 제3신분의 투표에 대항해 특권 신분들이 항상 만장일치로 결합한다고 가정하더라도, 이러한 정도로는 그들이 의결에서 과반수를 점할 수 없을 것이기 때문이다. 확정된 수에 의하면 제3신분의 각 대표는 약 5만 명을 대신해 투표하며, 따라서 과반수의 개념을 평민원의 절반에 5표를 더하는 정도로 규정하면 충분할 것이다. 20만 귀족 또는 성직자를 한데 합한 표결권이 이 5표 정도에 해당하며, 또한 이것은 인식하기도 어려울 만한 것으로 간주되긴 하지만 말이다. 이러한 가정은 첫 두 신분의 대표들은 결코 국민의 대표자일 수 없다는 것을 내가 잠시 잊고 있기 때문에 가능한 것임을, 그리고 진정한 국민 의회에서 그들이 그들에게 속하는 영향력을 가지고 의석을 차지하게 되면 그들은 끊임없이 과반수의 소망에 대립하는 의견을 내놓게 되리라는 점 또한 내가 인정하기 때문에 가능한 것임을 주목하라. 그렇다고 하더라도 그들의 견해는 결국 소수로 사라져버릴 것이 뻔하다.

이 정도면 제3신분만으로 국민 의회를 구성해야 할 의무를 증명하기에 충분할 것이며, 나아가 어떠한 예외도 없이 제3신분이 전체 국민을 위해 심의하고 표결할 수 있는 권한을 가질 수 있으리라는 주장을 이성과 형평 앞에서 인정하기에 충분할 것이다.

이러한 원칙들은 제3신분의 이익을 옹호하는 데 가장 능란한 제3신분 구성원들의 취향에는 맞지 않을 것이라는 점을 나는 알고 있다. 내가 진정한 원칙에서 출발하고 있으며,

오직 충분한 논리적 근거 위에서 진행하고 있다고 인정받기만 하다면 뭐 좋다. 제3신분이 첫 두 신분으로부터 떨어져 나옴으로써 '결렬'을 야기했다고 비난받을 수는 없다는 점을 부가하자. 이 경솔한 표현, 또한 이것이 함축하고 있는 의미는 첫 신분이 사용했던 대로 내버려두어야 한다. 사실 과반수는 결코 전체로부터 분리되지 않는다. 왜냐하면 과반수가 과반수로부터 분리되어야 한다면 모순되는 말이 될 것이기 때문이다. 대다수 사람들의 소망에 결코 따르지 않으려 하고 결국 결렬을 야기하는 것은 소수자일 뿐이다.

제3신분에게 그의 능력 또는 오히려 그의 권리의 범위를 제시해줌으로써 제3신분으로 하여금 대단히 완벽하게 그것을 행사하도록 하자는 데 우리의 의도가 있는 것은 아니다.

나는 제3신분을 위해, 정치 질서에서 제3신분에게 돌아가야 할 당연한 자리를 차지하는 두 가지 방법을 전술했다. 내가 방금 제시한 그 첫 번째 방법이 좀 서두르는 것처럼 보인다면, 민중에게 자유에 익숙해질 시간을 주어야 한다고 판단된다면, 아무리 명백한 것일지라도 국민의 권리는 심지어 아주 미미한 수에 의해 논박되기만 해도, 이를 확고히 해주는 또는 달리 표현하면 최종적 승인에 의해 이를 확인해주는 일종의 법적 판단을 여전히 필요로 한다고 생각된다면——나는 이를 원한다——헌법과 관계된 모든 논쟁에 관한 유일한 유권 심판 기관인 국민재판소tribunal de la Nation를 소집하자.

이것이 제3신분에게 열려 있는 두 번째 방법이다.

여기서 우리는 앞 장에서 언급했던 모든 것을, 일반 대표 기관을 구성해야 할 필요성과, 적절하게 특별 권력을 갖는 특별 대표에게만 이러한 위대한 활동을 위임해야 할 필요성을 상기할 필요가 있다.

다음 삼부회에서 제3신분원la Chambre du Tiers이 전국적으로 특별 대표를 소집할 수 있는 자격을 확고히 갖추리라는 점은 부인될 수 없을 것이다. 따라서 프랑스 헌법 가안을 시민 전체에게 공시하는 것은 특히 그의 권한에 속하는 일이다. 제3신분원은 여러 신분으로 구성된 삼부회는 잘못 구성된 기관이며, 국민적 작용을 수행하기에는 적합하지 않다는 점을 크게 비난할 것이다. 또한 입법 기관의 구성 방식을 명백한 법률에 의해서 결정하기 위한 특별 권력을 특별 대표에게 부여할 필요성을 제시할 것이다.

그때까지 제3신분은 준비 활동을 유예하는 것이 아니라 단지 권한 행사를 유예할 것이며, 아무것도 확정적으로 결정하지 않을 것이며, 세 개의 신분을 분할하는 거대한 소송을 국민이 심판하기를 기다릴 것이다. 시인하건대, 이러한 것이 가장 완전하고 가장 관대한 행보이며, 결과적으로 제3신분의 존엄에 가장 부합하는 것이다.

따라서 제3신분은 두 개의 관점에서 고려될 수 있다. 첫 번째 관점은 제3신분을 하나의 신분으로만 보는 것이다. 그래서 고대 미개인의 편견을 완전히 떨쳐버리지 않을 이유가 없으며, 다른 두 신분에게 사물의 본성에 합당할 수 있는 영향력 외에 다른 영향력을 부여하지 않는 범위에서 국가 내의 그 두 신분을 구별하며, 최고 법원의 결정이 있을 때까지는 제3신분의 권리를 의문시하는 데 동의하면서 다른 두 신분을 위해 가능한 모든 고려를 한다.

두 번째 관점은 제3신분을 국민으로 보는 것이다. 이러한 자격으로 그 대표들은 모두 국민 의회를 구성하며, 국민 의회에서 모든 권력을 갖는다. 이 대표들은 다만 일반 의사의 수임자에 해당하므로, 존재하지도 않는 어떤 불화에 대해서는 그들의 위임자들에게 의견을 구할 필요가 없다. 그들이 하나의 헌법을 요구하려면 공통적 합의가 있어야 하며, 그들은 그들에게 그 법률을 부여한 것에 대해 국민이 흡족해할 만한 그런 법률에 항상 복종할 채비가 되어 있어야 한다. 그러나 그들은 신분들의 과반수에 의해 제기된 질문들 중 어떤 것에 대해서도 국민을 선동하지 말아야 한다. 그들에게는 하나의 신분만이 있을 뿐이며, 이는 곧 신분이란 게 아예 없다는 얘기가 된다. 국민에게는 국민만이 있을 수 있기 때문이다.

무엇보다 헌법상의 커다란 문제를 해결하기 위한 것인, 앞에서 언급된 바와 같은, 특별 대표의 파견이나 또는 적어도 새로운 특별 권한의 부여는 현재의 불화와 국민 간에 가능한 분쟁을 종식시키는 진정한 방법이 된다. 이러한 분쟁에 대해서 두려워할 것은 전혀 없지만, 이것은 우리의 정치적 권리를 알고 보유하기 위해서는 우리가 조용하게든 아니든 간에 거치지 않을 수 없는 것이기 때문에 반드시 필요한 과정이 될 것이다. 정치적 권리가 공민적 권리와 개인적 자유의 유일한 보장자라는 점을 생각하면 이러한 필요성은 더욱 긴급한 것 같다. 나는 독자가 이러한 제안에 대해 생각할 수 있도록 인도하고자 한다.

단지 인도의 방법을 제시할 생각이었다면 나는 제3신분에 대한 저술을 여기서 끝마쳐야 할 것이다. 그러나 나는 원칙을 더 설명할 생각이다. 그러니 단일화 국민 의회를 실제로 구성할 때 거세어질 수 있는 공개 토론에서의 제3신분의 이익까지 살펴볼 수 있도록 허용해달라. 특별 대표들은 입법부의 구성을 확정함에 있어 고약하고 무례한 신분 차별을 고려할 것인가? 대표의 인적 구성을 결정하는 것은 이제 내가 말하려는 상황이나 권력이 아니다. 바로 법률이다. 시민 이외에, 시민의 자격과는 다른 자격을 가지고 있는 성직자와 귀족들을 입법부의 구성에 참여시킬 것인가? 그리고 이와 관련해, 특히 그들이 분리된 우월한 권한을 행사하도록 내버려둘 것인가? 이는 중요한 질문들로, 최소한 이에 대한 실질적인 원칙들을 확립해야 한다.

먼저 국민 대표 의회의 목표 또는 목적이 무엇인지를 명확하게 이해해야 한다. 이 목표라는 것은, 국민이 동일한 장소에서 회합하며 협의할 수 있는 경우 국민 자신이 스스로 제안하는 것과 다른 것일 수 없다.

국민의 의사란 무엇인가? 국민이 개인들의 집합인 것과 같이 국민의 의사란 개인들의 의사에서 나온 것이다. 공동의 안전, 공동의 자유, 나아가 공적인 일을 목표로 하지 않는 정당한 기초 사회를 생각한다는 것은 불가능한 일이다. 그러나 대표 각 개인은 이 밖에 개인적인 목표도 물론 스스로 계획할 것이다. 그는 이렇게 생각할 것이다. 공동의 안전이라는 보호하에 나는 내 개인적 의도에 차분하게 전념할 것이며, 내가 일부분을 차지하고 있고 개인적 이익도 너무나 적절하게 결부되어 있는 공동의 이익을 위해 사회가 나에게 명령하는 한계 외에는 내 욕망이 법적인 한계에 봉착하지 않으리라 확신하면서, 내가 원하는 바와 같은 나의 지복을 추구해나갈 것이다.

또한 총회에서 감히 이러한 언사를 행하는 대단히 정신 나간 대표도 있을 수 있으리라고 생각된다. "당신들은 우리의 공통적 문제를 협의하기 위해서가 아니라, 내가 당신들 중의 몇몇과 함께 만들고자 하는 조그만 파벌의 문제와 특히 내 개인적 문제를 다루기 위해서 여기에 모여 있다."

구성된 개인들이 공통적으로 관심을 갖고 있는 사항을 결정하기 위해 회합한다는 것은 구성원들의 기초 사회로 들어

오도록 유인할 수 있는 유일한 동기에 해당하는 것이며, 이
것은 우리가 증명하고자 하면서도 약화시키기는 너무나 단
순한 주요한 진실 중의 하나에 해당한다. 그러므로 의회의
목표는 바로 공통적 문제이다.

국민 의회의 모든 구성원들이 개인적 의사를 통해, 궁극적
으로 공적 이익으로까지 나아가야 하는 공통적 의사 형성에
어떻게 협력할 수 있는지 밝히는 것은 흥미로운 일이다.

먼저 이러한 활동 또는 정치적 구조에 대해 가장 바람직한
가정을 해보자. 가장 큰 지지를 받고 있는 공적인 생각은 의
회에서는 공통 이익에 대한 활동만을 명백히 해달라는 가정
이다. 이러한 기적적인 일들이 지상에서 드문드문 있었으나,
어떠한 것도 오랫동안 지속되지 못했다. 사회의 운명이 덕행
의 결과에 달려 있다는 것을 인간들에게 인식시키는 것은 아
마도 잘못된 것이리라. 미풍양속마저 쇠퇴하고 이기주의가
모든 영혼을 지배하는 듯한 때라고 하더라도, 아무리 긴 시
간이 걸린다 하더라도 국민의 의회는 진정코 구성되어야 하
며, 개인의 이익은 이것과 격리돼 있어야 하며, 여기서는 과
반수의 소망이 일반적 행복과 항상 부합되어야 한다. 구성이
유지될 수 있으면 이러한 효과는 확보된다.

인간의 가슴속에 있는 세 종류의 이익을 살펴보자. ① 시
민들을 서로 닮은 존재로 만드는 이익. 이것은 공통적 이익
의 정당한 범위를 보여준다. ② 개인이 다른 몇몇 사람들하

고만 제휴하게 만드는 이익. 이것은 단체의 이익이다. ③ 각자 고립되어 자기 자신만 생각하게 만드는 이익. 이것은 개인적 이익이다.

다른 모든 구성원들의 것과 일치하는 이익은 분명 전체 의사의 목표이며 공통 의회의 목표이다.

각 유권자는 다른 두 가지 이익을 의회로 가지고 갈 수 있다. 먼저 개인적 이익은 전혀 두려워할 만한 것이 아니다. 이것은 고립되어 있는 것이다. 각자는 자기의 개인적 이익을 가지고 있다. 그 다양함이 그 실질적인 대책이다.

큰 문제가 나타나는 부분은, 한 시민이 다른 몇몇 사람들하고만 공유하는 이익이다. 이 이익은 서로 모의하고 서로 결탁하게 만들며, 이것에 의해 공동체에 위험한 계획안이 도출되며, 이것에 의해 가장 가공할 만한 공적인 적이 형성된다. 역사는 이러한 비참한 진실로 가득 차 있다.

그러므로 단순한 시민들의 임의적 단체 결성을 결코 방치하지 않을 것을 사회 제도가 아무리 엄격하게 요구한다 하더라도, 또한 상황의 필요에 의해 실질적 단체를 구성하는 공권력의 위임자들이 입법 대표로 선출된 자신들의 대표직을 유지시키지 않을 것을 사회 제도가 요구한다 하더라도 놀라운 일이 아니다.

따라서 공통적 이익은 개별적 이익을 지배함으로써 확보될 수 있다.

이러한 유일한 조건에서만 우리는 구성원 개인들이 일반적 이익을 근거로 한 인적 기초 사회les associations humaines를 이룰 가능성에 대해 납득할 수 있으며, 결과적으로 정치사회의 정당성을 밝힐 수 있다.

따라서 우리는 문제의 해결에 이르게 되며, 어떻게 국민의회 내에서 개별 이익이 고립되어 있어야 하며, 과반수의 소망이 항상 일반적 행복에 합치해야 하는지가 설명된다.

이러한 원칙들을 고찰하면, 대표 의회에서 단체의 입김이 형성되지 않도록, 또한 대표 의회가 귀족 정치로 변질되지 않도록 하는 어떤 구도 위에 대표 의회가 형성되어야 한다는 필요성을 절감하게 된다. 이로써 다른 곳에서45 이미 충분하게 언급된 이 근본 준칙들이 도출된다. 즉 대표자 단체는 매년 3분의 1씩 갱신되어야 하며, 임기를 마치는 대표들은 일정 기간이 지난 후에만 다시 피선될 수 있다. 그러한 기간을 두면 가능한 한 가장 많은 수의 시민들이 공적 업무에 참여할 수 있게 된다. 만약 공적 업무라는 것이 일정 수의 가족 등에게만 고유한 것으로 간주될 수 있다면 그것은 더 이상 공적 업무가 아닐 것이다.

그러나 이러한 주요 개념, 너무나 명백하고 너무나 확실한 이러한 원칙들을 존중하지 않고 입법 기관이 오히려 국가 내에 스스로 단체를 만들거나, 조직되는 모든 단체를 인정하거나, 권한에 의해서 이를 확립할 때, 그래서 마침내 입법 기관이 국민 대표의 신분별 이름 하에 가장 위대하며 가장 특권적이며 결과적으로 가장 해로운 자들을 참여시키기 위해 감히 소집하게 될 때는, 우리는 인간의 모든 것을 엉망진창으로 만들고 모든 것을 와해시키고 모든 것을 전복시키고자 애쓰는 나쁜 원칙에 직면하게 될 것이다. 사회적 무질서를 공고히 하고 만연시키려면 이러한 무서운 동업 단체들에게 국민이라는 거대한 단체에 대한 실질적인 우월성을 부여하는 길밖에 없다. 이 대단한 왕국을 휩쓸고 있는 폐악의 대부분을 사건의 맹목적 흐름이나 선조들의 무지와 난폭함 탓으로 돌리는 것이 더 이상 자연스럽지 않게 된다면, 이제 입법 기관으로 비난의 화살을 돌려도 될 것이다.

우리는 국민 의회의 진정한 목표를 알고 있다. 국민 의회는 결코 시민들의 개별적 문제를 다루기 위해 만들어지는 것이 아니다. 국민 의회는 시민들의 개별적 문제들을 공통적 이익의 관점 하에서, 그리고 한 덩어리로서만 고려해야 한다. 이로부터 당연한 결과를 도출해보면, 자신을 대표하게 할 수 있는 권리는 시민들을 구별시키는 특질 때문이 아니라 오직 시민들에게 공통적인 특질 때문에 시민들에게 속하는 것이다.

시민들을 구별시키는 점들은 시민의 특징에서 벗어나 있는 것이다. 재산과 직업의 불평등은 연령, 성별, 신장, 피부색 등의 불평등처럼 존재하고 있다. 이러한 불평등은 공민 정신의 평등을 조금도 변질시키지 않으며, 공민 정신의 권리는 결코 그 차이들과 결부될 수 없다. 물론 이러한 개별적인 점들은 법률의 보호 하에 있으나, 이러한 성격을 법률로 만들거나, 일정한 사람들에게 특권을 부여하고 나머지 사람들에게는 특권을 거부하거나 하는 것은 입법 기관에 속하는 일이 아니다. 법률은 어떤 것도 부여하지 않으며, 존재하는 것을 공통적 이익을 해치기 시작하기 전까지만 보호한다. 바로 여기에서 개인적 자유의 한계가 설정된다. 나는 무한하게 큰 공의 중심에 있는 법률을 상상해본다. 예외 없이 모든 시민이 원주 위의 동일한 거리에 있으며, 동등한 자리만 차지하고 있다. 모든 시민이 동등하게 법률에 좌우되며, 모든 시민이 자신들의 보호할 자유와 재산을 법률에 드러낸다. 나는 이를 시민의 공통적 권리라 부르는데, 이를 통해 그들은 모두 서로 닮아 있는 것이다. 이러한 모든 개인들은 항상 법률의 동일한 보장하에서 서로 연락하고, 교섭하고, 상대방에게 책임을 진다. 이러한 일반적 활동 안에서 누군가가 이웃의 누구를 지배하거나 또는 그의 재산을 유린하고자 한다면 공통적 법률이 이러한 침해를 처벌할 것이다. 그러나 개인이 자신의 선천적 능력과 후천적 능력에 의하여, 다소간 유리한 우연들에 의하여, 융성한 운명과 보다 풍성한 일거리가 증가시켜줄 수 있는 모든 것으로만 자신의 재산을 부풀리고, 또 법적인 지위를 벗어남 없이, 자신의 취향에 가장 적합하고 욕망에 가장 잘 어울리는 행복을 마음 속으로 꾸며보고 키워가는 것은 법률이라고 하더라도 결코 막을 수 없다. 법률은 모든 시민의 공통적 권리를 보장함으로써, 각 시민의 권리 행사가 타인의 권리를 침해하게 되기 전까지는 가능한 모든 범위 내에서 각 시민을 보호한다.[46]

동일한 생각을 너무 재차 논하는 감이 있지만, 그러나 이러한 생각을 최대한 간결하게 정리할 시간이 없다. 게다가 잘 알려지지 않은 생각들을 소개할 때는 너무 간결한 것도 좋은 것은 아니라고 본다.

따라서 시민들을 서로 닮은 존재로 만드는 이익들은 시민들이 공통적으로 다룰 수 있는 유일한 것이며, 그것에 의해서만, 그리고 그것의 이름으로만 그들은 정치적 권리, 즉 사회적 법률 형성에 있어서의 적극적인 부분을 주장할 수 있고, 결과적으로 그것만이 시민에게 대표될 수 있는 자격을 부여한다.

따라서 우리에게 특권이 있기 때문이 아니라 우리가 시민이기 때문에 우리는 대표를 선출할 권리와 피선거권을 갖는 것이다. 반복하자면 공통적 이익이건 개별적 이익이건 시민들에게 속하는 모든 것은, 이것들이 법률을 침해하지 않는 한도 내에서 보호될 권리를 갖고 있다. 그러나 사회단체는 공통적 관심사에 의해서만 만들어질 수 있고, 입법에 대한 권리를 가질 수 있는 정도의 공통된 자격만 있다. 그 결과

단체의 이익은 입법 기관에 영향을 미치기는 커녕 단지 입법 기관의 불신을 살 수 있으며, 단체의 이익이 대표자 단체의 임무와 동떨어질 뿐만 아니라 대표자 단체의 목표에 항상 상반될 수 있는 것이다.

이러한 원칙들은 특권적 신분들이 문제될 때는 더욱 엄격해진다. 나는, 자신이 공통적 법률에 완전히 종속되지 않는다고 주장하기 때문이건 배타적 권한을 주장하기 때문이건 간에 보통법으로부터 벗어나 있는 모든 사람을 특권 있는 자로 이해하고 있다. 또한 우리는 이미, 모든 특권은 사회 협약에 반하는 부당하고 가증스러운 성격으로 존재하고 있다는 점을 충분히 증명했다. 특권적 계급이 국민에 속한다면 해로운 개별적 이익도 시민에 속한다는 것에 대해서는 나는 충분히 언급하지 않는데, 그것은 입법 기관이 해로운 개별적 이익들을 폐지함으로써 의무를 수행하기 때문이다. 이러한 대조는 다음과 같은 최종적 차이를 보여준다.[47] 그것은 타인에게 해로운 어떠한 개별적 이익도 최소한 이를 보유하고 있는 자에게는 유용한 것이 되는 반면에, 특권적 계급은 오히려 그 계급을 참고 견디는 국민에게는 재앙이기 때문이다. 정확한 비유에 이르기 위해서, 우리는 국민 내에 있는 특권적 계급을, 어떤 불행한 사람의 육체에서 그 건강한 살을 갉아먹는 무시무시한 질병을 보듯 대하지 않을 수 없다. 필요하다면, 당신이 생각할 수 있는 모든 명예 훈장으로 특권적 계급을 덮어버려라.

그러므로 하나의 특권적 계급은 단체의 정신뿐만 아니라 단체의 존재 그 자체로도 해로운 것이다. 특권 계급이 공통적 자유에 반드시 반하는 이러한 혜택을 많이 가졌을수록 그 계급을 국민 의회에서 배격하는 것이 중요하다. 특권 있는 자는 시민의 자격에 의해서만 대표될 수 있으나 그에게서는 이러한 자격이 이미 소멸되었으며, 그는 공민 정신과는 상관이 없으며, 그는 공통적 권리의 적이다.[48] 그에게 대표할 권리를 주는 것은 명백한 법률적 모순일 것이며, 국민은 노비 문서에 의해서만 이에 굴복할 수 있을 것이다. 이것은 상상할 수 없는 일이다.

능동적 권한의 수임자는 입법 대표의 피선거권자일 수도 없고 유권자일 수도 없다는 것을 증명했을 때 우리는 이 때문에 그를 진정한 시민으로 보는 것조차 차단하지는 않았다. 그는 자신의 개인적 권리에 의해 다른 모든 사람들과 마찬가지로 시민이다. 그를 구별시켜주는 필요하면서도 존경할 만한 작용들은 그에게서 공민 정신을 파괴하거나 타인의 공민 정신을 상하게 하기는커녕, 역으로 타인의 권리를 향상시키기 위해 확립된다. 그런데 그의 정치적 권리의 행사를 중단시키는 것이 필요하다면, 보통법을 무시하면서 국민을 오히려 이방인처럼 만들어놓은 사람들, 존재 그 자체로 거대한 인민 집단에게 계속적인 위협이 되는 이러한 사람들은 어떻게 되어야 할까? 물론 그들은 시민의 특성을 포기했으므로, 최소한 명백한 이익이 당신의 이익에 분명 반하지 않을 외국인은 배제하지 않더라도, 그들은 선거권과 피선거권으로부터 보다 확실하게 배제되어야 한다.

요약하면 이렇다. 시민의 공통적 자격으로부터 벗어나 있는 모든 것은 정치적 권리에 참여할 수 없다는 것이 원칙이다. 인민의 입법 기관은 오직 일반 이익에 대해서만 필요한 것을 마련해줄 의무를 띨 수 있다. 그러나 법률과는 거의 무관한 단순한 구별에 의존하지 않고, 통상적인 규범에 따른 평가에 의해 특권적인 적들이 존재하고 있다면 이들은 적극적으로 추방되어야 한다. 오만방자한 특권을 지속하는 한 그들은 유권자일 수도, 피선거권자일 수도 없다.

이러한 원칙들이 대다수 독자들에게는 엉뚱해 보일 것이라는 점을 나는 알고 있다. 편견이 진실의 측면에서 보면 이상할 수 있는 것처럼 진실 또한 편견 측에는 이상한 것으로 비칠 것이다. 모든 것은 상대적이다. 나의 원칙들이 확실하다는 것, 나의 논리적 결론이 옳다는 것으로 나는 충분하다.

적어도 문제는 달려가고 있는 시간 때문에[49] 절대로 실행될 수 없는 일이라고 사람들은 말할 것이다. 나 역시 이를 실행할 책임을 지고 있지 않다. 나의 역할은 모든 애국 작가들의 역할과 같다. 진실을 발표하는 것이다. 다른 사람들은 그들의 힘에 따라서, 그리고 상황에 따라서 다소간 서로 접근하거나, 또는 불신에 의해 따로 떨어져 나갈 수도 있을 것이다. 결국 우리는 실행하는 것을 결코 막을 수 없게 될 것이다. 만약 모든 사람이 진실이라고 생각한다면, 아무리 큰 변화도 그것이 공적 사용의 목적을 제시하는 순간부터, 아무 어려움이 없을 것이다. 방법을 모색하는 이러한 진실을 퍼뜨리는 데 나의 모든 힘을 보태는 것보다 더 나은 할 일이 뭐가 있겠는가? 처음에는 이 진실을 받아들이기가 어렵지만 사람들은 점차 이것에 익숙해지며, 여론이 형성되고, 마침내 미친 몽상으로만 취급되었던 원칙들이 실행될 것이다. 거의 모든 편견적 질서 내에서 작가들이 미치광이로 받아들여지는 것을 감수하지 않았더라면 오늘날 세상은 덜 깨어났을 것이다.

나는, 온건하게 진실을 자세히 설명해주려 하거나 또는 그것의 조그마한 편린이라도 동시에 보여주려 하는 사람들을 도처에서 만난다. 나는 그들이 무슨 생각을 하며 그런 말을 하는 것인지 궁금하다. 확실한 것은 그들은 철학자와 행정가에게 부과되어 있는 의무와 차이에 대해서는 충분히 고려하고 있지 않다는 것이다. 행정가는 그가 할 수 있는 만큼 나아간다. 올바른 길에서 벗어나지만 않으면 그에게는 찬사가 주어진다. 그러나 그 길은 그에 앞서 철학자에 의해 끝까지 주파된 길이어야 한다. 철학자는 종점에 도착해 있어야 한다. 그렇지 않으면 철학자는 그 길이 실제로 종점으로 인도하는 길이라는 것을 결코 보증할 수 없을 것이다.

그가 만족할 때, 보다 신중하게 말해서 그가 만족하는 듯할 때 그가 내게 멈출 것을 고집한다면 그가 나를 잘 인도하고 있는지 내가 어떻게 알 수 있겠는가? 말만 듣고 그를 그대로 믿어야 할까? 맹목적인 신임을 허용하는 것은 이성의 범주내에 드는 일이 아니다.

끝으로 한마디만 언급하면, 일반적으로 사람들은 적을 기습하고 함정에 빠뜨리기를 바라고 기대하는 것 같다. 개인들 사이에서도 역시 솔직한 행동이 가장 재치있는 것이 아닌지 여부를 놓고 논의하고 싶은 생각은 없다. 우리가 인간 경험의 결과로 알고 있는 이러한 모든 행위 기법과 묵설법은, 현실적이면서도 명백한 것 같은 이익들에 의해서 공개적으로 다루어지는 국민적 관심사 안에서는 진정 사려 깊지 못한 것임에 틀림없다. 따라서 그의 관심사들을 진척시킬 수 있는 진정한 방법은 그가 우리만큼이나 잘 알고 있는 것을 그의 적에게 숨기는 것이 아니라, 과반수의 시민들에게 자신들의 원인의 실체를 간파하도록 하는 것이다.

진실은 분리될 수 있으며, 따로 떨어질 수 있으며, 따라서 조그마한 부분으로 머릿속에 쉽게 들어올 수 있다고 우리는 그릇되게 생각하고 있다. 그렇지 않다. 종종 훌륭한 타격이 필요하지만, 진실을 영혼의 심연에 영원히 각인시키기 위한 강한 인상, 또한 우리가 옳고 아름답고 유용한 것으로 인식하고 있는 것을 위하여 강렬한 관심을 싹트게 하는 그런 인상들을 만들기 위해서는 진실이 그렇게 충분히 밝은 것은 아니다. 그 점에서 주의하라. 물질세계에서는 빛이 직사광선이 아니라 반사광에서 생기지만, 정신세계에서는 어느 한 주제에 속하는 모든 진실은 총체와 관계로부터 생긴다. 이러한 총체가 없는 경우에 우리는 결코 자신이 충분하게 깨우쳤다고 느끼지 않으며, 우리는 우리가 더 이상 심사숙고할 것이 없게 될 때 종종 진실을 포착한 것으로 믿는다.

전체 인민이 자신의 진정한 이익에 대해서 눈먼 채 있고, 단지 몇몇 사람에게 집중돼 있는 가장 유용한 진실이 노련한 행정가가 자신의 활동의 성공을 위해 필요로 하는 데 따라서만 나타난다고 생각할 때, 이성의 행진이라는 것은 얼마나 가엾은 생각인가! 우선, 이러한 견해는 잘못된 것이다. 이것을 따른다는 것은 불가능하기 때문이다. 나아가, 이 견해는 나쁜 것이다. 진실은 존재하고 있는 현재의 국민만큼이나 거대한 집단 내에는 서서히 스며들 뿐이라는 것을 무시할 수 있는가? 항상 너무나 많은 시간만 잃어버리게 된 것일까. 사람들에게 진실에 적응하기 위해서는 시간이 문제가 된다는 것을, 그 무엇이 되고자 진실을 열심히 수용하는 젊은이들에게도, 그리고 더 이상 아무것도 아닌 존재가 아니고자 하는 노년들에게도 시간이 문제 되도록 내버려둘 필요는 없는가? 한마디로, 씨앗을 뿌리면서 바로 수확의 시기를 바라고 있는가?

게다가 이성은 결코 신비를 좋아하지 않는다. 이성은 거대하게 팽창해야만 실행될 힘을 갖는다. 또한 이성은 도처에서 강한 인상을 남겨야만 제대로 각인될 수 있다. 그래야 여론이 형성되기 때문이다. 여론은 인민들에게 진정 도움이 되는 대부분의 변화들을 야기하는 것이며, 또한 자유로운 인민들에게 유용할 수 있는 것은 여론뿐이다.

당신은, 아직까지도 사람들이 당신 말에 귀 기울일 생각을 하지 않아서 당신이 많은 사람들과 충돌하게 될 것이라고 말한다. 반드시 그렇게 해야 한다. 공개하기 가장 유용한 진실은 이미 사람들 곁에 충분히 가깝게 있었던 것이 아니며, 이미 거의 받아들여졌던 것도 아니다. 그렇다. 진실을 퍼뜨리는 것이 더욱 필요한 것은 바로 진실이 더 많은 편견과 더 많은 개인적 이익을 들쑤시게 될 것이기 때문이다.

가장 주의를 요하는 편견은 선의와 결합되어 있는 편견임을 우리는 주목하고 있지 않다. 자극하기 가장 위험한 개인적 이익은 정의가 자기 자신을 위해 있다는 생각의 모든 에너지를 선의로부터 얻고 있는 이익임을 우리는 주목하고 있지 않다. 국민의 적에게서 이런 이상한 힘을 제거해야 하며, 그들을 깨우침으로써, 그들을 불량한 신의를 가진 쇠약한 양심으로 비난해야 한다.

나의 이런 생각을 들은 온건한 사람들은, 반발을 고려하지 않음으로써 결국 모든 것을 망칠 행정가의 절도 있고 꼼꼼한 행동을, 여러 가지 반대 의견을 접할 수밖에 없고 반대 의견과 교섭할 권한조차 갖고 있지 않으며, 사람들이 봉건적인 미개로 인해 보다 우둔해질수록 훌륭한 사회적 원칙들을 소개한 것 때문에 더 많이 소환되게 마련인 철학자의 자유로운 열성과 더 이상 혼동하지 않게 될 때, 그들이 시기상조라고 부르는 진실의 운명을 위해 더 이상 두려워하지 않게 될 것이다.

철학자가 어떤 길을 개통할 때는 오류들에 봉착하지 않을 수 없는데, 앞으로 나아가고자 한다면 그는 이것들을 가차없이 없애버려야 한다. 이어서 행정가가 오게 되는데, 시인하건대, 그는 접근하기에 보다 어려운 이익의 문제에 직면하게 되며, 여기서 내각에 있는 사람의 탁상공론과는 다른, 대단히 탁월한 학문과 새로운 재능을 필요로 한다. 그러나 철학자가 아니기 때문에 스스로를 행정가로 믿고 있는 그렇고 그런 각료들의 기교에는 아직 몹시 생소하다는 것을 우리는 모르지 않는다.

여기까지 우리가 옳다면, 이제 우리는 철학자의 통찰이 항상 멸시하듯 순수한 망상으로 치부되지 않아야 마땅하다는 것을 인정하고자 한다. 소견이 입법권자들에게 같은 법률을 명하는 것으로 끝난다면, 당연히 이러한 소견의 형성에 영향을 미칠 수 있는 사람은, 결코 아무런 영향을 미치지 않은 많은 사람들이 그렇게 주장하는 것만큼 비능동적이며 불필요하지 않다.

생각 없는 수다쟁이들과 이러한 부류에 해당하는 사람들은, 이론의 위험 또는 무효용성과 실천의 중요성을 불러일으키는 사소한 대화를 아무 생각 없이 뇌까리곤 한다. 내가 할 말은 한마디밖에 없다. 가능한 한 가장 훌륭하고 가장 쓸모 있고 가장 사려 깊은 사실들로부터 당신이 흡족해하게 될 그런 결말을 상상해보라. 음! 당신의 실천적 사슬 고리에 정확하게 일치하는 일련의 관념 또는 진실이 이론적인 체계 내에 있지 않다고 믿고 있는가? 당신이 이성으로부터 동떨어져 있지 않다면 이성이 당신을 따른다. 보다 정확히는 이성이 당신을 선행한다. 이론이 실현되기 전에는 당신이 결코 깨달을 수 없었던 진실, 또한 모든 사람이 우리가 행했던 것을 알지 못한 채 실행하고 있다고 하더라도 그러나 누군가는 이미 알고 있었던 것이어야 하는 진실에 부합하는 결과가 아니라면 이론이란 게 도대체 무엇이란 말인가? 내가 막 지적한 난센스의 대화를 일반적으로 싫어하는 사람들은 실천 쪽보다는 이론 쪽에 있는 것이 사실이다. 질문들에 대해 침묵함으로써, 그들이 전혀 이해하지 못하는 것에 대해 결국 마음을 달래기보다는, 그들이 능력이 있다면 어째서 이론을 명확히 하며 적어도 실천을 활용하는 데 보다 실천적이고 보다 현명한 입장을 취하지 않는가? 주제로 돌아오자.

결국, 특권 신분들이 공통적 의사를 자신들의 특권과 연결

지을 어떤 권리도 갖고 있지 않다면 적어도 그들은 시민 자격으로 사회의 다른 신분과 뒤섞여, 대표에 대한 자신들의 정치적 권리를 향유할 수 있어야 한다고 사람들은 말할 것이다.

나는 특권 신분의 특징을 규명하면서 그들은 공통적 이익의 현실적 적이 되었다는 점을 언급한 바 있다. 따라서 그들은 공통적 이익을 보살피는 책임을 결코 맡을 수 없다.

또한 나는, 정당하지 못한 특권을 스스로 청산함으로써 진정한 국민 속으로 들어가고자 원할 때 그들은 비로소 돌아온 지배자가 된다고 덧붙이겠다. 따라서 그들이 정치적 권리의 행사로부터 몸을 빼는 것은 자발적으로 이루어져야 한다. 결국 국민 의회의 목표일 수도 있는 것인 그들의 진정한 권리는 국민 의회를 구성하고 있는 대표들과 그들에게 공통되는 것이며, 대표들이 이러한 진정한 권리를 침해하고자 한다면 대표들 스스로가 다치게 될 것임을 생각하면서 그들은 안심할 수 있다.

그러므로 비특권적 구성원만이 국민 의회의 유권자이며 대표자일 수 있는 것이 확실하다. 제3신분의 소망은 시민 일반에게는 항상 바람직한 것이 될 것이다. 특권 신분들의 소망은, 이들이 적어도 자신들의 개별적 이익을 무시하고 단순한 시민으로서, 즉 제3신분과 마찬가지로 투표하기를 원하지 않는 한 항상 잘못된 것일 것이다. 그러므로 제3신분은 우리가 국민 의회에 대해 기대할 수 있는 모든 것을 충족시켜 주는 존재이며, 그러므로 제3신분만이 삼부회로부터 응당 기대할 수 있는 모든 이익을 얻을 수 있다.

별도의 국민으로 간주되면서 분리되고 독립된 대표를 요구하는 것만이 특권 신분들에게 남아 있는 마지막 지략이라고 사람들은 아마도 생각할 것이다. 나 자신도 언젠가 이러한 가정을 해보았다. 그러나 이는 허용될 수 없는 것이다. 나는 이미 이 책 제1장에서, 특권 신분들이 별도의 한 인민이 아니며, 그럴 수도 없다는 것을 증명했다. 그들은 진정한 국민의 희생만으로만 존재하고 있으며, 존재할 수 있다. 어떤 국민이 그러한 부담에 자발적으로 동의하겠는가?

정의와 이성은 당신의 편의대로 이리저리 휘어질 수 있는 것이 아니다. 사회 질서 내에서 특권 계급들이 결국 어떤 지위를 차지해야 하냐고 묻지 말라. 이것은 환자를 쇠약하게 만들고 환자를 괴롭힐 악성 고름을 환자의 몸 속 어느 위치에 배정하고자 하는지 묻는 것이나 마찬가지다. 생명력에 가장 중요한 원칙들을 오염시키기에 적절하며 병의 원인이 되는 이러한 결합들이 더 이상 형성되지 않도록 고름을 제거해야 하며, 모든 기관들의 활동과 건강을 회복시켜야 한다. 그러나 당신은 아직 건강을 유지할 능력이 없다고 우리는 당신에게 말하고자 한다. 그리고 당신은 마치 동양 사람들이 운명론으로부터 위안을 받는 것처럼 귀족 계급의 지혜가 깃든

이러한 경구에 귀를 기울이고 있다. 그렇다면 계속 병든 채
살아가라!

현대 공법 이론의 선구자
시에예스와 헌법 이론

1. 시에예스의 생애와 혁명

프랑스 대혁명이 인간과 시민의 권리 보장을 선언하고 신분제 사회를 타파함으로써 근대 시민 사회의 기폭제가 되었음은 주지의 사실이다. 그러나 이러한 대혁명의 실천적 방법을 제시했던 불후의 명저 《제3신분이란 무엇인가》의 저자 시에예스를 알고 있는 사람은 그리 많지 않다.

시에예스는 1748년 5월 3일, 지중해 연안인 남프랑스 코트다쥐르의 유서 깊은 도시 프레쥐스에서 우체국장의 아들로 태어났다. 어렸을 때 허약했던 그는 부친의 권유에 따라 성직자가 되기 위한 길을 걸었다. 파리 생쉴피스의 중등 신학교, 생 피르맹 신학교 등에서 공부했으며, 소르본 대학에서 신학을 공부했다. 1772년 7월 28일 사제직을 부여받은 후 시에예스는 대단히 품위 있고 영향력 있는 종교철학자 뤼베르사크Lubersac를 만나는 행운을 누렸다. 1775년에 트레기에

의 주교로 임명된 뤼베르사크는 시에예스를 비서로 데려갔으며, 1780년 샤르트르의 주교로 임명된 뒤에는 시에예스를 부주교로 임명했다. 시에예스는 뤼베르사크의 가장 가까운 측근으로 인식되기에 이르렀으며, 그의 성직자로서의 장래는 보장된 셈이었다.

그러나 당시 이미 사회 문제와 농촌 생활의 비참함에 많은 관심을 가졌던 그는 다른 쪽을 보고 생각하고 있었다. 철학, 경제학, 정치학 관련 서적과 주위에 있는 모든 책을 정열적으로 독파한 그는 다른 사람들이 거의 읽을 수 없을 정도의 흘림 필체로 인간의 두뇌, 언어, 오성, 이성, 사회, 경제, 사회적 기법l'art social 등에 관한 수백 페이지의 글을 메모했다. 이러한 글들을 통해 그는 원칙을 확립해나갔으며, 인간의 이성과 지혜가 명하는 새로운 사회 계획을 모색했다. 트레기에에서, 샤르트르에서, 그리고 그의 생애의 중요한 시절을 보낸 파리에서 그는 철학 모임이나 지식인들의 모임에 자주 드나들었다. 그러면서 특권과 도그마를 뒤엎고자 하는, 계몽주의에 젖어 있는 새로운 많은 사람들을 만났다. 특히 고위 성직자들을 자주 만나게 되면서 시에예스는 특권 신분에 대해 반감을 갖게 되었다. 특권 신분에 대한 반감은 그의 저서의 주요한 동력이 되었다.

1788년 여름 사제 시에예스는 집필 활동에 전념했다. 우선 그는《1789년 프랑스의 대표자들이 취할 수 있는 실행 방법에 관한 고찰*Vues sur les moyens d'exécution dont les représentants de la France pourront disposer en 1789*》의 초고를 완성했는데, 바로 출판하지 않고 1789년 초에야 익명으로 출판했다. 이어서 그는 《특권론》을 완성했으며, 1788년 12월에 익명으로 출판했다. 같은 해 11월과 12월에는 《특권론》의 속편 격인 《제3신분이란 무엇인가》를 쓰는 데 전념했다. 이 책은 1789년 1월 초에 출판되었으며, 단 몇 주 만에 3만 부 이상 팔려 나갔다. 그리고 이후 조금씩 내용을 수정해 제4판까지 발행되었다. 3판까지는 익명으로 출판되었고 4판에서야 비로소 시에예스라는 이름으로 출판되었다. 사람들은 손에서 손으로 《제3신분이란 무엇인가》를 전해나갔으며, 카페에서건 길거리에서건 만나는 사람마다 "제3신분을 읽어보았느냐?"고 묻는 것이 인사말이 되었다. 또한 카페에서 이 책의 공개 독서회를 여는 것이 유행이 되기도 했다. 1789년 2월 23일 미라보 Mirabeau 백작은 자신에게 이 저서를 보내준 데 대해 감사하며 시에예스에게 편지를 썼는데, 여기서 '프랑스에도 인물이 있구나' 하는 찬사를 보냈다. 또한 라 파예트 La Fayette는 당시의 이러한 일련의 출판물 중에서 시에예스의 저서가 최고라고 말했다. 프랑스의 삼부회 준비 열기 속에서 사제 시에예스는 프랑스의 장래에 대한 전망을 제시하고 그 실행 방법을 지적했다고 할 수 있다. 단 몇 주 만에 그는 저명 인사가 된 것이다.

1789년 5월 5일 삼부회가 소집된 후 시에예스의 제안에 따라 6월 17일 제3신분의 대표들만으로 국민 의회가 구성되었으며, 시에예스는 8월의 프랑스 인권 선언 초안 작성에도 중요한 역할을 했다. 시에예스는 1790년 6월 8일에서 6월 21일까지 국민 의회 의장으로 활동했으며, 1791년의 헌법 제정 때는 그의 헌법 사상과 그의 역할이 절대적으로 작용했다.

혁명기에 시에예스는 실천가로서 크게 활동하지는 않았다. 그의 이론을 추종하는 사람들도 현실 정치에 대한 시에예스의 불분명한 입장 표명으로 인해 1789년 여름부터 실망감을 갖게 되었다. 그는 많은 토론에 참석했으나, 위험스러운 상황이 되면 결코 주제넘게 굴지 않았다. 예를 들면, 1789년 8월에 종교 헌금 제도인 십일조 폐지 문제에 대해 거부 입장을 취함으로써 추종자들의 신랄한 비판을 자초했다. 1790년에는 《1789년 사회*Société de 1789*》라는 잡지의 발기인으로 참여했으나, 그는 엘리트 동인들 중 가장 신중한 입장을 보였다. 잡지 《1789년 사회》에 대한 그의 기여는 거의 보잘것 없었으며, 이러한 이유로 콩도르세Condorcet는 그를 신랄하게 비판한 바 있다. 1791년 6월 루이 16세가 메츠에 있는 부이에 장군과 합류해 과거의 권위를 회복하고자 파리를 빠져나가다가 바렌에서 발각되어 체포되었는데, 시에예스는 이 사건을 놓고 브리소Brissot, 토머스 페인Thomas Paine 등과 논쟁하던 중에 공화국 제도를 거부하고 의회군주제와 권력 균형에 의한 자유 보장 등을 옹호함으로써 이들과 대립했다.

1793년 6월 급진민주주의 자코뱅파가 지롱드파를 숙청하고 정권을 장악해 공안 위원회를 중심으로 혁명 정부를 수립하고 공포 정치를 실시하면서 시에예스는 정치에서 밀려났다. 공포 정치 시기 동안 시에예스에 대한 로베스피에르 Robespierre의 반감이나 개인적 증오는 노골적이었으나 시에예스는 이에 대해 어떤 이의도 제기하지 않았다. 로베스피에르가 그를 혁명의 두더지라고 비난할 때도 그는 가만히 있었다. 당시 그가 자신을 잘 요약해 표현한 유명한 말이 "나는 살았다"였다. 그리고 탈기독교 현상이 가장 강했던 공화력 2년(1794년)에 그는 자신을 결코 훌륭한 성직자로 생각하지 않았다고 회고하면서 성직을 사임했다.

혁명 기간 동안 그는 특권 신분 사회와 전체 국민 간의 무자비한 투쟁과 비타협 속에서 살았다. 그는 혁명에서 온건파일 수 없었다. 그는 1792년에서 1794년까지 취해진, 보통 선거와 재산의 자유로운 처분과 절대적 경제적 자유에 대한 침해, 1794년 풍월의 사회민주주의 같은 경제적·사회적 조치들에 진심으로 동의할 수 없었다. 또한 그는 루이 16세의 처형에 대한 표결에서도 찬성 표를 던졌다. 현실 정치에서 나타난 그의 실천과 그의 논리 사이의 이러한 불협화음을 시에예스는 상황 탓으로 돌렸다고 생각하는 것이 합리적일 것이다. 혁명 기간 동안 이어진 전쟁은 인민에게 양보를 강요했으며, 평화는 귀족 제도로 복귀하게 했다. 시에예스는 이러한 과정에서의 투쟁들이 1789년의 가치를 확정적으로 정착시키기 위해 필요하다고 판단했으며, 그의 눈에는 이러한 정치가 혁명의 반작용으로 야기된 당연한 결과로 비쳤다.

로베스피에르를 단두대에서 처형한 소위 '테르미도르의 반동'으로 반혁명기에 들어섰을 때 그는 귀족의 사회적 우위와 경제적 자유 제도의 복귀에 적극적인 산악당에게 강한 불만을 가지고 있었으나, 테르미도르 반동으로 권한이 축소된 국가 공안 위원회에서 6개월간(1795년 5월 5일~7월 3일, 8월 2일~10월 26일) 이론적 기반을 제공하는 일을 했다. 10월 28일에는 공화력 3년 헌법에 따라 하원인 '500인 위원회 Conseil des cinq cents' 위원으로 당선되고 의장으로 선출되었으나 거부했다. 1797년 11월 21일~12월 20일에는 500인 위원회의 의장으로 활동했다. 1798년 베를린에서 활동한 후 이듬해에 돌아온 시에예스는 1799년 6월 18일에, 집행권에 비해 의회가 우월한 형태의 정부를 실현하기 위한 쿠데타에 직면했다. 이에 시에예스는 반자코뱅의 반격을 선동하면서, 의회의 역할을 없애지 않는 차원에서 행정권을 강화하기 위한 일종의 대통령제 정부 형태의 헌법 초안을 마련하고 자신이 계획한 쿠데타를 성공적으로 이끌 인물을 적극적으로 모색했다. 처음에는 주베르Joubert 장군과 접촉했으나 그가 노비 전투에서 전사함에 따라 보나파르트 나폴레옹Bonaparte

Napoléon 쪽으로 선회했다.

1799년 11월 10일~11일(브뤼메르 18일)에 시에예스는 나폴레옹, 푸셰Joseph Fouché, 탈레랑Talleyrand과 함께 쿠데타를 일으켰고, 다음 날 나폴레옹, 뒤코Pierre-Roger Ducos와 함께 3인 임시 통령에 취임했다. 이 쿠데타에 의해 프랑스 대혁명은 막을 내리게 되었다. 결과적으로 프랑스 혁명은 시에예스의 《제3신분이란 무엇인가》에서 시작해 시에예스의 브뤼메르 쿠데타로 끝난 셈이다. 시에예스가 초안한 신헌법이 의회에 다소 유리하다고 판단한 나폴레옹은 이 헌법안을 수정하고 스스로 제1통령으로 취임했다. 나폴레옹에 의한 헌법 수정 후 시에예스는 스스로 사라져야겠다고 생각해 거의 통령으로 활동하지 않았으며, 이로써 그의 중앙 정치 시절은 막을 내리게 된다. 그는 나폴레옹이 부여한 크로슨 지역 상원 의원의 지위를 수락했으며, 특권 없이 명예만 부여된 제국 백작의 칭호도 수락했다.

1815년 루이 18세가 복위하면서 시에예스는 루이 16세의 처형에 찬성했다는 이유로 15년간 브뤼셀로 추방되었다. 그리고 1830년 7월 파리로 돌아온 후 1836년 6월 20일 세인들에게 거의 잊혀진 채로 파리에서 생을 마감했다.

프랑스 부르주아의 신봉자, 프랑스 헌법의 아버지, 국민주권과 대표제 민주주의의 창시자로서 모든 나라의 근대 헌법 이론과 정치사상에 많은 영향을 미친 시에예스는 오늘날 역사의 장에서 거듭나고 있다.

2. 《제3신분이란 무엇인가》의 사회적·역사적 배경

시에예스가 이 책을 쓰게 된 동기는 1788년 7월 5일 루이 16세의 삼부회 소집 결정이었다. 루이 16세가 상당 기간 고민한 끝에 내린 삼부회 소집 결정은 그의 통치 기간 동안의 급격한 경제적 쇠퇴와 개혁 움직임이 반영된 결과였다.

어떻게 하면 재정적 위기를 극복할 수 있을 것인가? 어떻게 하면 조세 제도를 근본적으로 유지하면서 급증하는 국가 재정적자를 줄일 수 있을 것인가? 어떻게 하면 특권 신분들의 세제상 특권을 유지시키면서 세원의 확보를 재검토할 수 있을 것인가? 어떻게 하면 신분 사회와 절대 군주 제도 자체를 태풍에 휩쓸리게 하지 않으면서도, 끊임없이 편견·도그마·전제·광신 등과 투쟁하고 있는 계몽주의자들의 거대한 요구와 새로운 관념들을 막아낼 수 있을까? 이러한 과제를 해결하고자 루이 16세는 튀르고Turgot, 네케르Necker, 칼론Calonne, 브리엔Lomenie de Brienne을 차례로 기용했으나, 이는 오히려 그의 우유부단함을 더욱 부각시키고 나아가 내각의 불안정을 초래하는 결과를 낳았다.

1787년 2월 루이 16세는 칼론의 자문에 따라 세제 개혁에 관한 과감한 계획을 기대하면서 명사 회의를 소집했다. 과거 앙리 4세 때 이 명사 회의로 성공을 거둔 적이 있었기 때문에 궁여지책으로 답습한 것이었다. 칼론은 지방 의회 제도의 창설, 지세의 물납 제도, 성직자 재산에 대한 과세 제도, 인두세 개선, 곡물 거래의 자유화, 부역 대체 면역세의 창설이라는 6개 안을 이 회의에 제출했다. 그러자 이것이 자신들의 전통적 권리를 침해했다고 보고 격분한 특권 신분들이 부활절 무렵에 칼론의 파면을 강요했다. 결국 루이 16세는 명사 회의에서 이러한 안을 마련하는 것이 여러 면에서 가능하지 않다고 판단하게 되었고, 툴루즈 대주교인 브리엔으로 수상을 교체하고 5월에 명사 회의를 종료시켰다. 그런 다음 6월에는 다시 성직자, 귀족, 제3신분의 세 개의 신분으로 구성된 지방 의회를 구성했으며, 국왕 중심의 행정 제도까지도 바꾸어놓을 수 있는 거대한 개혁을 시도하려 했다. 그러나 7월에 고등 법원과 루이 16세가 충돌하게 되었다. 신분상의 구별을 폐지하면 조만간 총체적인 혼란이 야기될 것이라고 주장한 고등 법원은 전제적 군주주의에 대한 반감을 노골적으로 드러내면서 모든 세제 개혁에 조직적으로 반대했다. 수상인 브리엔과 고등 법원 사이에서 프롱드의 난과 유사한 투쟁이 전개되었다. 이 투쟁에서 루이 16세는 처음에는 고등 법원의 권한을 박탈했으나, 고등 법원의 저항과 고등 법원을 지지하는 여론에 굴복해 마침내 그들의 권한을 돌려주게 되었다. 이 투쟁에서 브리엔이 비교적 자유주의적인 정책을 대표하고 있었고, 고등 법원을 지지하는 여론은 지방에서 강하게 나타났다. 노르망디, 브르타뉴, 도핀 지방은 이미 오래전에 폐지된 지방 삼부회의 부활을 요구했으며, 렌에서는 일종의 폭동이 일어났다. 도핀 지방의 비지유에서는 세 신분이 함께 참석하는 회의가 실제로 열리기도 했다. 비자유 선언은 타당한 조치를 제의했다. 즉 삼부회의 승인 없이는 조세와 상납금을 징수할 수 없게 하고, 제3신분의 대표자 수를 배가시키고, 투표는 신분별이 아니라 개인별로 하게 하고, 이렇게 함으로써 제3신분이 삼부회의 과반수를 차지할 수 있게 하는 것이었다. 결국 루이 16세는 1789년 5월 1일에 삼부회를 소집하게 되었다. 그는 특권 신분들과 고등 법원에 대항해 제3신분에 호소할 생각이었다. 그러나 세론은 이미 브리엔에게 염증을 느끼고 있었고, 국고는 그야말로 고갈되어 있었다.

루이 16세는 현실적으로 임박한 파산을 모면할 방책이 없음을 깨닫고, 실제로는 많은 세금을 거둬들이면서도 납세자에게는 적게 거두는 것 같은 환상을 주는 데 능했던 네케르를 다시 기용했다. 브리엔의 파면을 계기로 바스티유에 구금되어 있던 정치범들은 횡포한 정부에 대한 항의의 표시로 옥사 지붕 위에 등불을 켜놓기도 했다. 이로 인해 바스티유 감옥은 정치적인 상징이 되었다.

네케르는 그의 인기를 기반으로 하여 금융업자와 채권자

들을 안심시키고 재정 문제를 다소 호전시켰다. 국채의 시세가 올라갔고, 갖은 임기응변이 상황을 끌고 나갔다. 고등 법원은 삼부회 소집을 1614년의 경우[50]에 따라 시행하라고 주장했으나, 네케르는 아무 예고도 없이 1789년 1월 1일에 '프랑스 국민에게 보내는 신년 선물'로서 제3신분의 정원을 배가한 삼부회를 소집하겠다고 공고했다. 그러나 그는 개인별 투표에 대해서는 언급하지 않았으므로 모든 일은 여전히 미결 상태로 남아 있었다.

다음은 어떻게 될 것인가? 프랑스 국민의 최대 관심사는 삼부회가 어떻게 될 것인가 하는 것이었다.

삼부회 소집 결정과 함께, 프랑스의 모든 지식인들에게 차기 삼부회 소집 결정과 관련된 상소나 청원을 올릴 것을 권유하는 내각령이 발표되었다. 이것은 여론의 중요성을 의식하고 있는 군주의 선의에서 나온 절차로, 18세기 동안 줄곧 행해져온 것이었다.

새로운 사상을 주장하거나 지지 또는 비판하는 글들이 서적, 소책자, 안내서 등 갖가지 형태로 1770년부터 이미 쏟아져 나오고 있었다. 삼부회 소집과 관련된 상소를 요구하는 내각령은 이러한 시대적 흐름에 기름을 부어놓은 격이 되었다. 1788년 말부터 1789년 1월 말까지만도 수천 개에 달하는 저작물이 쏟아져 나왔다. 그 형식도 에세이, 수첩, 소책자, 안내서 등 다양했다. 이러한 글의 필자들은 거의 대부분 익명이나 무명으로 남았다. 익명으로 글을 발표한 사람들 중에는 시에예스 외에 왕실 판사로서 비지유 회의의 사회를 맡았던 무니에, 혁명 초기를 주도한 미라보, 국민 공회를 대표할 수 있는 로베스피에르 같은 사람들도 있었다.

3.《제3신분이란 무엇인가》의 개요

《제3신분이란 무엇인가》는 6개의 장으로 구성되어 있으며, 이 장들은 내용상 두 부분으로 나누어진다.

전반부는 목차 자체가 대단히 유명한데, 여기서 저자는 세 개의 중요한 문제를 제시하고 분석한다.

제1장 제3신분이란 무엇인가

제2장 제3신분은 현재까지 무엇이었는가

제3장 제3신분은 무엇을 요구하는가

이 세 질문을 통해 시에예스는, 프랑스의 전부라고 볼 수 있는 제3신분은 프랑스 정치사회에서 현재까지는 무의 존재였으나 삼부회를 통해 중요한 존재로 변신해야 한다고 역설한다.

제4장은 정부와 특권 신분들이 제3신분에게 현재까지 부여하고자 했던 것에 대한 결산으로 시작된다. 제5장에서 시에예스는 제3신분이 행했더라면 하는 것에 대해 밝히고 있

으며, 마지막 장에서는 남아 있는 할 일을 기술하고 있다.

제4장 정부가 시도한 것, 그리고 특권 신분이 제3신분을 위해 제안하는 것

제5장 우리가 행했더라면 하는 것

제6장 제3신분이 합당한 지위를 취하도록 하기 위해 그들로하여금 행하게 해야 할 것

후반부에서 시에예스가 주장하는 바는, 제3신분은 삼부회와는 별도로 국민에 포함될 수 없는 귀족과 성직자 같은 두 개의 특권 신분 없이 헌법을 발의하고 제정할 수 있는 하나의 국민 의회를 구성해야 한다는 것이다.

이러한 혁명적인 분석과 주장은 대단한 반향을 불러일으켰으며, 왕실을 흥분의 도가니로 밀어 넣었다. 검찰총장은 이 책을 불태워버려야 한다고까지 주장했다. 수개월 후 프랑스에서 발생하게 되는 일들의 전조와 같은 것들이었다고 할 수 있다.

제1부에서 시에예스는 제3신분이 무엇인지, 그 신분의 사회적 유용성에 의거해 개념화하고 있다. 시에예스는 성직자와 귀족 계급은 어떤 사회적 유용성도 갖지 못한다고 본다. 노동, 산업, 상업, 또는 개별적 활동과 개인에게 직접적으로 유용하거나 즐거움을 주는 서비스 등과 같은 모든 일들이 제3신분에 의해 유지되고 있기 때문에 시에예스는 제3신분을 완전한 사회적 유용성으로 기술하고 있다. 그리고 제3신분

이야말로 프랑스의 전부이며, 하나의 완벽한 국민nation을 구성하고있다고 보고 있다. 국민이란 무엇인가?

국민은 '공통의 법률 하에서 살아가는 구성원 단체'이다. 시에예스에 의하면 귀족은 국민에 포함되지 않는다. 귀족 대표는 원칙적으로 전체 국민과 유리되어 있고, 또한 귀족 대표는 일반 이익이 아니라 특정 이익을 보호하기 위해 존재하므로 목적상 전체 국민과 동떨어져 있기 때문이다. 그러나 시에예스는 그 자신이 샤르트르의 영향력 있는 대표인 만큼 성직자에 대해서는 주를 통해 대단히 완곡하게, "나는 성직자에 대해서는 말하지 않는다"라고 표현하고 있다.[51]

귀족과 달리 성직자는 하나의 직업이고, 사회 제도에 속하며, 공역무를 맡고 있다. 따라서 이에예스는 성직자는 신분이 아니라 우리 중의 그 무엇quelque chose이라고 본다. 단, 성직자는 그늘 속에서 유지되어야 하기 때문에 결국 제3신분만이 전체 국민이라는 것이다.

이러한 대담한 주장은 수 개월 후 혁명의 원칙 자체로 확립된다.

제2장에서 시에예스가 현재까지 제3신분이 무(無)의 존재였다는 점을 증명하는 데는 별 어려움이 없다. 삼부회에서도 무, 역사에서도 무, 사회에서도 무, 제3신분의 권리는 어디에도 없었던 것이다.

혁명 전 프랑스 인구 2,500만 중에서 귀족은 20~30만, 성직자는 약 10만을 차지했다. 인구 비율로 보아 이 특권 신분들은 프랑스 인구의 2퍼센트 남짓만을 대표하는 셈이었다. 그런데도 모든 권력을 장악하고 있는 것은 그들이었던 것이다.

제3장에서는 제3신분이 무엇을 요구하는지를 분석한다. 제3신분이 요구하는 바는 '그 무엇'이다. 제3신분은 스스로 국민 전체를 구성할 수 있기 때문에 모든 것을 주장할 수 있는데, 시에예스는 이러한 제3신분의 최소한의 주장을 '그 무엇'으로 보고 있다. 그는 제3신분에게 다른 두 신분을 합한 대표자 수와 동일한 대표자 수를 배정할 것을 주장한다. 나아가 그는 제3신분의 두 배 증원 요구에 만족하지 않고 신분별이 아니라 개인별로 표결할 것을 주장한다. 시에예스는 신분별 투표가 불합리한 것임을 확신했다. 8만 1,400명의 성직자와 11만 귀족이 어떻게 2,500~2,600만 영혼의 의사를 가로막는다는 말인가! 신분별 표결은 불합리할 뿐만 아니라 참을 수 없는 부정의에 해당한다고 그는 보았다.

시에예스는 제3신분의 최소한의 주장을 세 가지로 분석한다. ① 제3신분 출신만이 국민의 대표자가 될 수 있다. ② 제3신분의 대표자 수가 다른 두 개 신분의 전체 대표자 수와 같아야 한다. ③ 신분별 아닌 개인별 투표가 이루어져야 한다.

지난 수년 동안 행해졌던 것, 행했더라면 하는 것, 그리고 제3신분의 적합한 지위를 위해 제3신분이 해야 할 일을 다루고 있는 후반부는 전반부보다 덜 알려져 있으나, 제3신분의 행동과 사고의 체계를 제시함으로써 혁명의 방법론을 내놓는다. 이것은 정치사상과 헌법 이론에 영향을 미쳤다는 점에서 중요하다.

우선 시에예스는 칼론과 브리엔의 실패에 대해 간략하게 분석하고 평가한다. 그는 명사 회의에 책임을 돌리고 있다.

1788년의 명사 회의는 무엇을 했는가? 전체 국민에 대항해 그들의 특권을 옹호했다. 특권을 가진 명사 회의에 심의를 구하는 대신에 지식을 가진 명사 회의에 심의를 구해야 했을 것이다.52

또한 오를레앙 지방 의회에서 성직 대표로 활동했던 그는 지방 의회에 대해서도 고찰한다. 지방 의회는 귀족에 의해 지배되었으며, 특권을 위해 존재했다. 따라서 지방 의회가 무엇을 해야 했을 것인가? 국민 그 자신에게 직접 자문을 구했어야 했다고 그는 보았다.53

여기에서 시에예스는 《제3신분이란 무엇인가》의 본질적인 부분에 접하게 된다. 그는 원칙을 확립하고 전략을 제시하는 문장들을 기술했다.

국민은 모든 것 이전에 이미 존재하고 있으며, 국민은 모든 것의 기원이다…국민의 의사 이전에, 그리고 그 상부에는 자연법만이 있을 뿐이

다.54

  따라서 시에예스는 제5장의 서두에서 "헌법을 가지고 있지 못한다면 헌법을 제정해야 하는데, 전체 국민만이 헌법을 제정할 권리를 가지고 있다"55라고 주장한다.

  국민은 헌법 법률, 즉 이 법률에 의해서 존립하고 행위하는 기관들은 결코 변경시킬 수 없는 그런 기본 법률을 제정하고 난 후에는 시민을 보호하고 공통 이익을 결정하는 법률, 즉 고유한 법률을 제정해야 한다. 이로써 새로운 사회의 초석이 확립된다. 신분 폐지, 국민 주권, 헌법 제정 권력과 제정된 권력의 구별이 그것이다. 그런데 국민을 어디에서 찾을 수 있는가? 국민이 존재하고 있는 곳, 즉 제3신분 내에서 찾을 수 있다는 것이 시에예스의 생각이다. 그는 국민을 소집해야 하며, 헌법을 결정하기 위한 국민이 특별 대표를 별도로 구성해야 한다고 본다.

  삼부회가 소집된 뒤에는 제3신분은 무엇을 해야 하는가? 마지막 장에서 시에예스는 몇 가지 원칙들의 발전이라는 것을 정리하면서 생각과 목표를 요약한다. 제3신분은 결코 특권 신분들에게 기대할 수 없다. 왜냐하면 특권 신분들의 영혼은 노예 제도를 선호하는 것과 동일하기 때문이다. 제3신분은 자신들 이외에는 어느 누구에게도 기대를 가질 수 없는 것이다. 따라서 삼부회가 소집되면 제3신분은 별도로 화합

해야 한다.

제3신분은 귀족 및 성직자와는 결코 합의하지 않을 것이고, 신분별이건
개인별이건 그들과 함께 투표하지 않을 것이다…제3신분만은 삼부회를
구성할 수 없다고 사람들은 주장할 것이다. 음! 잘된 일이다! 제3신분은
국민 의회를 구성할 것이다.56

국민인 제3신분은 단독으로 주권적 의회를 구성해야 한
다. 특권 신분들은 국민에 속하지 않으며, 그들이 자신들의
부정의한 특권들을 폐지함으로써 다시 국민의 일원이 되는
것은 자유다. 다음과 같은 그의 결론에서는 선동과 대담함이
절정에 달한다.

비특권적 구성원만이 국민 의회의 유권자이며 대표자일 수 있는 것이
확실하다…제3신분은 우리가 국민 의회에 대해 기대할 수 있는 모든 것
을 충족시켜주는 존재이며….57

시에예스는 특권 신분들이 제3신분에 합류하는 것 외에는
달리 국민이 될 방법이 없도록 함으로써 그들을 국민에서 몰
아냈다. 당시에 출판된 많은 저서들의 어떤 저자도 시에예스
와 같이 이렇게 과감하지 않았다. 이책을 출판하면서 시에예
스는 이미 이 책으로 인해 혼란이 야기될 것을 잘 알고 있었

으며, 자신이 경계해야 할 상대에 대해서도 잘 알고 있었다. 그는 자신이 멀리 가고 있음을 알고 있을 뿐만 아니라 그것을 원하고 있다는 것을 다음과 같이 설명하고 있다.

철학자가 어떤 길을 개통할 때는 오류들에 봉착하지 않을 수 없는데, 앞으로 나아가고자 한다면 그는 이것들을 가차 없이 없애버려야 한다. 이어서 행정가가 오게 되는데, 시인하건대, 그는 접근하기에 보다 어려운 이익의 문제에 직면하게 되며, 여기에 내각에 있는 사람의 탁상공론과는 다른, 대단히 탁월한 학문과 새로운 재능을 필요로 한다.

이 글을 쓸 때 그는 길을 관통한 철학자였으며, 그 이후에는 행정가가 되어 이익의 문제에 봉착하게되었고, 새로운 능력을 발휘하게 되었다.

4. 시에예스의 헌법 이론과 영향

《특권론》과 《제3신분이란 무엇인가》 등 시에예스의 저서는 프랑스 대혁명을 유발했을 뿐만 아니라 구제도와 현대 사회 간의 가교가 된 중요한 원칙들을 확립했으며 새로운 공법 이론의 기초를 마련했다.

혁명 기간 동안 시에예스라는 인물의 역할은 무시되거나

경시되었지만 그의 사상은 그러한 불행을 겪지 않았다. 시에 예스 사상의 영향력은 그의 생전에 이미 일반적으로 인정받았다고 할 수 있다.

1791년 스탈Staël 부인은 "시에예스의 사상과 저술이 정치적으로 새로운 시대를 열게 될 것이다"라고 전망했으며, 또한 콩스탕Benjamin Constant도 "시에예스가 사상과 제도에 있어서 중요한 영향력을 행사했다"라고 평가했다.[59] 20세기 초에 이르러서는 카레 드 말베르Carré de Malberg가 시에예스를 현대 공법의 기초자 중 한 사람으로 평가했으며[60], 1939년에 바스티드P. Bastid는 이것을 정당화하여 "시에예스는 헌법의 아버지였으며, 보다 넓게는 프랑스 공법의 아버지였다. 그는 오늘날의 정치 원리의 거의 모든 요소들을 확립했다", "그의 영향력은 도처에 산재하고 있다"라고 기술했다.[61] 또한 영국의 포사이스Murray Forsyth는 "시에예스는 현대 국가 이론을 체계화했다"라고 평가했다.[62]

국민 주권과 국민 통합성, 선출된 대표자들로 전체 국민을 대표하는 제도, 헌법 제정 권력과 제정된 권력의 구별, 혁명의 혼란과 경험이 그에게 가르친 헌법 규범 통제 제도, 즉 헌법과 법의 일반 원칙들을 보호·감시하는 제도적 장치로서의 헌법심사원 또는 관리인단에 의한 헌법 제정 권력의 한계 이론 등과 같은 많은 이론은 시에예스에게서 비롯된 것으로 현대 헌법 이론의 초석이라 할 수 있다.

(1) 국민, 국민 주권, 국민대표제

헌법 이론에 있어서 일반적으로 인정되고 있는 시에예스의 가장 큰 공적은 국민 통합성의 원칙을 밝힌 것이라 하겠다. 미네Mignet는 "이 천재가 생각한 것은 프랑스를 하나의 실체로 묶는 것, 즉 프랑스를 나누고 있는 모든 인민을 하나의 유일한 국민으로 태어나게 하는 것이었다"라고 본다.[63]

국민 통합성을 이론화한 최초의 인물인 시에예스는 "프랑스는 조그마한 민족들의 결합체여서는 안 되며, 프랑스는 지방들의 집합체가 아니다. 프랑스는 없어서는 안 되는 필요불가결한 부분들로 구성된 단일 개체이며, 이러한 부분들은 단독으로는 완벽하게 존재할 수 없는데, 그 이유는 이것들은 단순히 결합되어 있는 개체들이 아니고 하나의 유일한 개체만을 형성하는 부분들이기 때문이다"라고 보았다. 그리고 이를 요약하여 "프랑스는 하나의 단일한 개체이며 또한 그래야만 한다"라고 주장했다.[64] 조국 통합이라는 신성한 원칙에 따른 프랑스의 모든 혁명 이념은 시에예스의 국민 통합성 원칙에서 비롯된 것이었다.

시에예스의 국민 통합의 문제는 국민 주권, 나아가 국민대표제와 분리될 수 없다. 이 세 개의 원칙은 하나의 원리로 승화되어 삼위일체를 이루는 것이다. 국민이 하나인 것처럼, 국민이 하나이기 때문에, 국민은 주권자라고 할 수 있다. 국민은 모든 것 이전에 존재하며, 모든 것의 근원에 있으며, 국민의 의사는 항상 적법하며, 국민은 법률 그 자체이다. 따라서 모든 권력과 모든 권리의 완전성은 이 국민에 속하는 국민 주권 이론을 확립한 것이다.

> 국민이 어떤 방식으로 원하든 원하고 있는 것만으로 충분하며 …국민의 의사는 항상 최고법이라 하겠다.65

그러나 "인민이건 국민이건 하나의 표결 기관만 가질 수 있으며…인민은 인민의 대표에 의해서만 표현하고 행할 수 있다"고 그는 보았다.66

직접민주주의가 악습에 해당하고 전제와 무정부의 전달자에 해당한다면 직접민주주의가 가능할 수 있겠는가? 시에예스는 권한과 신임과 바람직한 업무의 분립에 기초한 대표제야말로 자유의 진정한 보장자라고 본다. 시에예스가 생각하는 대표는 유권자의 권리를 위임받는 것이 아니고, 불가분의 단일체인 국민으로부터 직접 대표권을 위임받는 것이다. 이러한 원칙에 충실했던 시에예스는 자신이 오랫동안 대표한 라 사르트 지방에는 발도 들여놓지 않았다.

시에예스는 루소나 당시의 많은 사람들과 달리 공동체의 모델을 취하는 데 반대했다. 루소가 무엇을 생각했건 간에, 시에예스는 인민 자체는 시간 면에서나 취향 또는 관심 면에서나 정치적 능력을 갖고 있지 않다고 보았다. 그러므로 대표제가 임시변통적인 부차적인 정부 형태로서 잘못된 것이 아니라, 오히려 현대적 형태의 시민 자격이나 국가 작용의 분류에 유용하게 활용된다고 보았다.

따라서 그는 "가능한 한 많은 부분에서 대표하게 하는 것은 자신의 자유를 성장하게 하는 것이다. 대표제와 민주주의의 관계는 건축물과 초석의 관계에 해당한다"고 보고, 대표제를 국가의 기본적 제도로 이론화했다.[67]

시에예스는 "대표는 그를 선출해준 자들의 요구 사항을 전달하기 위해 국민 의회에 가는 것이 아니라 자신의 현재 의견에 따라 자유롭게 심의하고 투표하기 위해 국민 의회에 출석하는 것이다"[68]라고 설명한다. 대표가 대표의 의무를 잘 수행하기 위해서는 합리적이고 계몽적인 사고를 갖추어야 하며, 국민 대표 제도 외에는 전제와 혼란만이 있을 뿐이라고 시에예스는 분석한다. 이렇게 엄격한 국민대표제 이론을 확립함으로써 그는 홉스, 로크 등 그의 모든 선행 이론가들을 앞서게 된다.

루소의 이론과 대단히 동떨어진 시에예스의 이론은 모든 사람이 정치적 실체에 참여하는 것을 거부한다. 그의 이론은 완전한 재참여[69]를 경계하고, 전체 국민에 의한 기본권 침해를 금지하며, 전체주의 이데올로기에 반대하고, 혁명 그 자체에서도 모든 것을 취하거나 모든 것을 변화하도록 주장하는 권리를 거부한다.

(2) 헌법 제정 권력과 기본권

삼부회에서의 제3신분의 정치적 의식과 역할에 대해 각성시킴으로써 결국 프랑스 대혁명의 도화선으로 작용하게 된 이론이 바로《제3신분이란 무엇인가》에서 체계화된 헌법 제정 권력 이론이라 할 수 있다. 이에 대해서는 제5장에 기술되어 있다.

시에예스는 국민은 항상 적법하여 법 그 자체이며, 국민 이전에 존재하는 초국민적인 규범은 자연법밖에 없다고 봄으로써 근대적 자연법론의 입장을 밝힌다.

그는 국민의 의사를 실정법 체계로 규범화하는 단계에서 나타나는 첫 번째 규범이 헌법 법률이며, 이 헌법 법률의 근거가 되는 것이 헌법 제정 권력이라고 보고 있다. 이 헌법 법률은 크게 두 부분으로 나누어진다. 하나는 입법 기관의 구성과 작용을 규율하는 헌법 법률이며, 다른 하나는 다양한 집행 기관의 구성과 작용을 결정하는 헌법 법률이다. 둘 다 헌법 제정 권력에 근거한 규범이기는 하나, 전자는 국민의 의사에 의해 제정되는 반면 후자는 특별한 대표 의사에 의해 제정되기 때문에 헌법 제정 권력의 구현 방법에 있어서는 다소 상이하다. 시에예스는 이 두 가지 법률에 의해 헌법의 기본 규범이며, 이러한 헌법 법률에 의해 헌법이 제정된다고 본다. 또한 그는 이렇게 제정된 헌법과 헌법에 의해 조직된 권력을 구별하며, 헌법에 의해 권한을 위임받은 어떤 권력도 스스로 자신의 위임 조건을 바꿀 수 없다고 말해 헌법이 헌법에 의해 조직된 권력의 상위에 있음을 분명히 한다. 여기에서 헌법에 의해 조직된 권력을 헌법 개정 권력으로 보는 견해도 있으나, 그보다는 헌법에 의해 구체화된 국가 권력으로 봐야 할 것이다.

물론 시에예스는 헌법 개정에 대해서도 언급하고 있으나, 그 개정 주체를 헌법 제정 권력과 동일하게 국민으로 설정하고 있는 만큼 헌법 개정의 개념을 헌법 제정의 개념과 엄격하게 구별하는 입장을 취하는 것은 아니다. 헌법 제정 권력과 헌법 개정 권력의 구별은 시에예스의 헌법 제정 권력 이론을 수용한 슈미트C. Schmitt에 의해 이루어지고 있다. 시에예스의 이론을 도표로 정리해보면 다음과 같다.

고셰Marcel Gauchet가 밝히고 있는 바와 같이, 1789년 8월에 채택된 프랑스의 인권 선언문은 시에예스가 작성한 것은 아니지만 그가 인권 선언문에 결정적인 영향을 미쳤음을 보여준다. 시에예스는 자연권은 사회적인 보장에 속하는 것이 아니며, 정치사회는 자연권을 보장하기 위해 강제된다고 보았다. 공화력 3년 테르미도르 2일의 담화문에서 시에예스는 대단히 단호하게 인민 주권의 한계와 자연권 보장을 밝혔다.

공통된 것이라고 해서 전부가 아니며, 어떠한 것도 전부에 대한 주권자

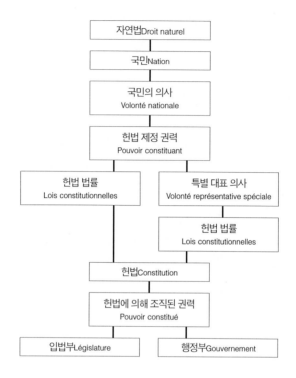

시에예스는 시민을 능동적 시민과 수동적 시민으로 구별
한다. 능동적 시민은 선출직으로 공무 수행 임무를 띤 사람
이며, 수동적 시민은 자연권을 가지고 있고 공적 자유의 보
호를 받으나 투표권을 갖고 있지 않은 사람이다. 시에예스는

시민의 자격과 사회적 신분을 재산, 교육, 공적 등을 근거로 정하게 했다는 점 때문에 부르주아 혁명의 상징으로 비치기도 한다. 귀족 특권에 가장 맹렬하게 반대했던 그가 부르주아 특권의 주창자로 보이게 된 것이다.

(3) 헌법 재판 이론

사실적으로 인민이 헌법 제정 권력을 행사했던 6년의 혁명 기간 동안 사태를 관찰한 시에예스는 무제약적이고 영구적인 헌법 제정 권력은 몸서리칠 만한 무서운 것이라는 생각을 점차 갖게 되었다. 헌법은 부단한 혁명적 힘의 표현이 아니고 그럴 수도 없으며, 질서와 안정의 효력을 보장해야 한다는 것, 무서운 결과를 가져오는 헌법 제정 권력의 노도와 같은 사실상의 힘을 헌법이 규범적으로 순화해야 한다는 것을 시에예스는 역사적 경험을 통해 고려하게 된 것이었다.

헌법 법률의 유지와 변화를 감시하기 위해서 공화력 3년에 헌법심사원을, 공화력 5년에 관리인단le Collège des Conservateurs을 창설하면서 시에예스는 국민 주권을 토대로 하여 헌법 제정 권력의 한계를 주장했다.

> 보장 없는 헌법이란 존재하지 않는다. 수호자 없는 보장 또한 결코 존재하지 않는다. 헌법 제정 권력의 일탈을 방지해야 하며, 총체적인 개혁의 주기적인 반복도 피해야 한다…헌법은 출생하고 성장하고 노쇠하고 사

망하는 개인과 유사한 것이 아니며…점진적 발전 원칙을 포함하고 있어야 한다.71

이러한 그의 이론은 의회로부터 탄압의 수단을 제거하려는 의도를 담은 것이었으며, 대표제를 안정시키려는 것이었다. 법률에 대한 합헌성 통제, 기본권 보장의 문제는 아직 그의 진정한 목표가 아니었으나, 시에예스는 주권적 의회나 절대적 행정부의 독재에 대항하는 민주주의를 보호하는 길을 연 셈이었다. 이는 또한 현대 공법 이론들이 활용하고 있는 기초 이론들을 제공하고 있다고 할 수 있다.

(4) 헌법 이론의 영향

시에예스의 헌법 이론에 관한 집중적 연구는 바스티드에 의해 이루어지고 있으나, 시에예스의 헌법 이론인 국민 주권 이론, 국민 대표 이론, 헌법 제정 권력 이론 등은 그 이전에 이미 카레 드 말베르, 뒤기Duguit, 오리우M. Hauriou 등의 헌법 이론에 결정적인 영향을 미쳤다.

카레 드 말베르에 의하면, 시에예스가 창안한 국민 주권 이론은 프랑스의 전통적 이론이 되었다. 나티그Nathig는, 시에예스의 천재적 창안은 국민의 의사는 적법성의 원천에 있기 때문에 항상 적법한 것이라고 밝힌 데 있다고 보았고, 시에예스가 혁명가들에게 과거의 제도와 인물들을 상대로 투쟁할 수 있는 초석을 제공했다고 분석했다.

헌법 제정 권력의 절대 권력을 선언함으로써 시에예스는 폭동에 의한 독재를 정당화하는 셈이 되었으며, 모든 혁명가들이 그의 이러한 주장을 근거로 삼게 되었다. 그러나 이것은 시에예스의 초기 이론인 무제약적 주권 이론에 따른 해석이며, 헌법 재판 이론 등에 의한 수정 이론에 따르면 그는 주권의 한계론을 이론화했다고 볼 수 있다.

21세기 초의 프랑스는 시에예스가 착안한 제도와 사고 원리에 의존하고 있다. 현행 헌법인 1958년의 프랑스 헌법에 의하면, 프랑스는 공화국으로서 보통 선거 원리를 확립하고 있고, 양원제 의회를 취하고 있으며, 행정부가 의회에 대해 책임을 지는 균형적 의원내각제를 채택하고 있다. 외관적으로는 시에예스의 원칙들과는 동떨어진 것이다. 그러나 현실적으로는 대통령 우월적 정부 형태라 볼 수 있으며, 이는 시에예스의 원칙을 기묘하게 고수하고 있다. 또한 대통령 지지 정당과 의회 다수 정당이 합치하는 경우에 나타나는 강화된 공화군주제의 경우는 시에예스가 기대했던 것 이상이라 할 수 있다.

그의 기본 이론들은 규범으로 용해되어 구현되고 있다. 프랑스의 주권은 불가분적이며, 국민 주권에 입각하고 있다. 국민의 주권은 인민의 대표자들에 의해 행사된다. 인민의 어떤 부분이나 개인에게도 이를 행사할 권한이 부여될 수 없다. 인간의 권리는 헌법 이전에 존재했던 것처럼 헌법 전문 (前文)에서 확인되고 있다. 헌법 제정 권력과 제정된 권력 간의 구별이 이루어지고 있다. 이러한 것들은 두 세기 간에 걸친 경험을 통해 재확립된 시에예스의 원칙이라 할 수 있다.

프랑스가 공화국이라는 것을 천명하고 있다고 해서 시에예스의 이론과 동떨어져 있다고 볼 수는 없을 것이다. 시에예스는 1791년 7월 16일 "사람들이 공화국에 대해 밝히는 생각이나 관념은 나에게 생소한 것이라 할 수 없다. 그러나 사회적 자유의 최대한을 향해 항상 나아가고자 하는 나의 기본 구도는 공화국을 지나서 그것을 뒤에 두고 결국은 진정한 군주국에 이르는 것이다"[72]라고 보고 있기 때문이다.

시에예스는 이미 공화군주국을 본 것일까? 공화국을 지나가는 것? 공화국 대통령이 공화군주에 이르게 되어 내각, 대사, 장군들을 임명·해임하고, 나아가 대통령 직접선거인단이 전체 국민을 대표하고, 헌법을 구체화하고, 국가의 계속성을 확보하도록 하고 있는 공화군주제도를 창안한 것? 프랑스는 시에예스가 생각했던 바로 이런 길을 걸어가고 있는 것이 아닐까?

프랑스가 혁명의 유산을 물려받기까지는 1세기가 필요하지 않았을까? 또한 공화국 제도를 통해 선출된 대통령, 군주적 대통령, 또는 공화국 군주라는 확고한 형태로 군주 또는 유권자단을 복원시키는 데 또한 1세기가 필요하지 않았을까?

대통령이라는 존재를 내세워 국가의 독립과 영토 보존을 책임지게 하고 공권력의 정상적 작용과 국가의 계속성을 확보하게 하고 행정부를 임명 또는 해임하게 하는 대통령 제도, 헌법과 법의 기본 원칙의 준수를 강제하고 있는 헌법 재판 제도, 어느 것 하나 시에예스의 생각이 미치지 않는 것이 없다.

최근 이탈리아, 영국, 미국 등에서 시에예스의 헌법 이론과 정치사상이 재인식되고 있지만 독일에서는 그 전에도 늘 헌법 학자들 사이에서 시에예스가 중요하게 다루어져왔다. 이는 시에예스에 관한 정치적 저작 중에서 가장 오래된 완벽한 출판물이 1796년 라인 강 건너편의 그의 추종자들과 동료들의 배려에 의해 나온 것이라는 사실만 봐도 알 수 있다. 시에예스의 헌법 제정 권력 이론은 슈미트의 저서 《헌법 이론*Théorie de la Constitution*》의 주요한 이론적 기반이 되었으며, 헌법 재판 이론은 켈젠H. Kelsen의 규범적 헌법관에 영향을 미쳤다.

주

1   (옮긴이주) Sainte-Beuve, *Causeries de lundi*(Paris: Garnier Frères,
    1851), 5권, 241쪽; J. D. Bredin, Sieyès, La Clé de la Révolution
    française(Paris: Éditions de Fallois, 1988), 524쪽에서 재인용.

2   (저자주) 1788년 명사 회의 기간 동안 작성된 이 글은 1789년 초에
    출판되었다. 이 글은 《특권론*Essai sur les privilèges*》의 속편이라고 볼 수
    있다.

3   (저자주) 인도의 신분 제도에 대해서는 *Hist. phil. et pol. des deux
    Indes*, Liv. 1 참조.

4   (저자주) 한편으로는 전체 국민이 그 우두머리를 위해 만들어지는
    것이 아니라고 열렬히 주장하고, 다른 한편으로는 전체 국민이 귀
    족들을 위해 만들어지기를 바라는 사람들에게 그것이 주권적으로
    얼마나 불합리한 것인지를 알게 하는 정도면 충분하다.

5   (저자주) 나는 성직자에 대해서는 말하지 않는다. 당신이 성직자를
    공역무를 맡고 있는 존재로 생각한다면 성직자는 사회 제도에 속하
    게 된다. 모든 공역무는 정부의 일부분을 이루기 때문이다. 성직자
    는 하나의 신분이라기보다는 오히려 직업이라고 사람들이 말하면
    11세기의 성직자들이나 또는 타산적으로 그런 체하고 있는 성직자
    들은 자기들이 평가절하되었다고 원통하게 생각하는데, 이는 잘못

이다. 성직자가 우리 사이에서 중요한 존재인 것은 바로 성직자가 하나의 직업이기 때문이다. 성직자가 단지 하나의 신분이라면 현실적으로 그는 아무것도 아닐 것이다. 윤리학과 정치학을 많이 공부할수록 우리는 사회 내에는 사적인 직업과 공적인 직업만 있다는 것을 더욱더 깨닫게 된다. 그 밖에는 부질없는 각설이나 위험한 몽상, 또는 몹시 해로운 제도만 존재하고 있다. 따라서 성직자는 하나의 신분 계층을 형성하지 않아야 한다고 주장하는 것은 성직자를 귀족의 밑으로 깎아내리기 위한 것이 아니다. 성직자는 하나의 신분을 형성하지 않아야 하는데, 이는 하나의 전체 국민 내에는 신분의 구별이 없어야 하기 때문이다. 만약 전체 국민 내에 신분 구별을 허용한다면, 자신의 요구를 주장하기 위해 제시할 것이 세례 증명서밖에 없는 사람들보다는 성직에 뽑힐 수 있는 자격을 제시할 수 있는 사람들에게 이 특권을 부여하는 것이 더 가치 있을 것이다. 따라서 결국 우리는 능력이 없거나 청렴하지 못한 자가 성직에 들어오지 못하도록 잘 차단할 수 있기 때문이다. 그러나 출생 자체를 차단할 수는 있는가?

6 (저자주) 이것은 적절한 용어이다. 이 용어는, 아무런 쓸모가 없는 것처럼 아무런 직무도 없이, 자신들이 존재하고 있는 그 자체만으로 자신들에게 부여된 특권을 향유하고 있는 자들의 계급을 말한다. 이러한 견해에 부합하는 자료로는 하나의 특권적 신분밖에 없는데, 귀족 신분이 여기에 해당한다. 이들은 사실 별개의 한 인민이며, 유용한 기관이 없어서 그 자신만으로 존재할 수 없기 때문에 식물들을 시들게 하고 말라 죽게 해가면서 오직 식물의 수액을 빨아먹으며 살아가야 하는 식물의 혹과 같이 현실적인 전체 국민에 달라붙어 있는 거짓 인민이다. 성직자, 법관, 군인, 행정가는 도처에서 필요로 하는 공적 수임자의 네 가지 부류에 해당한다. 프랑스에서

는 이들을 두고 왜 귀족주의라고 비난하는가? 그것은 귀족 신분이 모든 좋은 지위를 부당하게 차지하고 있으며, 귀족 신분이 세습 재산처럼 되어 있으며, 또한 귀족 신분이 사회 법률의 정신을 위해서가 아니라 자신의 개별적 이익을 위해서 이를 이용하고 있기 때문이다.

7 (저자주) 알아줄 만한 어떤 저자는 보다 정확하게 개념화하기를 원했다. 그는 "제3신분은 성직자와 귀족을 제외한 전체 국민이다"라고 주장했다. 내게는 이러한 대단한 진실을 알릴 능력이 없었을 거라고 고백하는 바이다. 누군가는 또 다음과 같이 주장할 수도 있을 것이다. "귀족은 성직자와 제3신분을 제외한 전체 국민이며, 성직자는 제3신분과 귀족을 제외한 전체 국민이다." 이것은 확실히 기하학적으로 증명된 명제이다. 미안한 말이지만, 만약 당신이 단지 미련한 진실만을 말할 계획을 가지고 있지 않다면, 이전에 미리 전체 국민이 무엇이며, 그 필요불가결한 부분은 어떠한 것들이며, 어떻게 공적 활동과 개별 활동만 있으며, 어떻게 제3신분이 이러한 모든 활동을 수행하기에 충분한지를 생각해보았다면, 이러한 측면에서 국가가 특권적 신분으로부터 얻어내고자 하는 도움들이 과도하게 파멸을 초래하는 것이란 점을 주목했다면, 프랑스 국민을 괴롭히고 있고 앞으로도 오랫동안 괴롭히게 될 모든 오류와 폐단들이 이러한 참담한 특권과 관계가 있다는 점을 알아보았다면, 어떤 정치 제도나 마찬가지로 군주제에는 통치자와 피통치자만 필요하고, 가장 어리석은 편견으로 인해 어느 한 신분에게 모든 자리를 차지하고 특권층으로 살아갈 수 있도록 허용하는 신분 제도는 조만간 통치자에게는 전제주의를 제공하고 피통치자에게는 불복종만을 제공할 것이며, 그 제도는 진노한 하늘이 인민에게 부과할 수 있는 가장 가혹한 부담이자, 정의로 복귀하고자 하는 모든 계획, 사회 질

서를 향한 모든 발전에 있어 거의 극복할 수 없는 장애가 될 것이라는 점을 안다면, 당신의 지능이 이러한 모든 진실과 역시 우리의 주제에 속하는 수많은 다른 진실들을 바로바로 포착했다면 어떻게 제3신분이 모든 것이라는 말이 솔직하게 터져 나오지 않겠는가? 어떻게 '제3신분은 성직자와 귀족을 제외한 전체 국민이다'라는 이런 냉혹한 결론에 이를 수 있었는가?

8 (옮긴이주) 정복의 관념에서 고찰하면 제3신분은 이미 프랑켄 숲 출신인 그 이전의 정복자들보다 강하며, 따라서 제3신분이야말로 현재의 정복자일 수 있다는 표현을 강조하고 있다.

9 (저자주) 이전의 자만심은 바로 이 때문에 이제 보다 잘 합의된 이익에 굴복하게 되었다. 선거를 실시하는 지방들의 관할 선거구 귀족은 신귀족들을 화나게 해서 그들로 하여금 홧김에 제3신분 측을 지지하게 하는 것은 현명한 일이 아니라고 느꼈다. 선거를 실시하지 않고 신분별로 삼부회를 구성하는 지방들에서는 이러한 현명치 못한 방향을 취했다. 경험에 의해 이것이 잘못된 것임이 증명됨에 따라 사람들이 이를 고쳐 모든 사람에게 귀족 신분이 상속될 수 있도록 허용함으로써, 신분별 그리고 지방 의회별로 삼부회를 구성하는 지방들에서 제3신분으로만 의석을 차지할 수 있었던 여러 사람들이 관할 지역 내에서 아무런 어려움 없이 귀족 신분을 가지고 삼부회에 참석할 수 있게 되었거나 그렇게 될 것이다. 그런데 귀족 신분을 물려줄 수 있는 귀족과 물려줄 수 없는 귀족 간의 이러한 구별이 무엇을 의미하는가? 귀족이 그 신분을 물려주지 않는다는 것은 그들의 자식들에게만 관계되는 것이다. 그러나 아버지로부터 아직 귀족 신분을 물려받지 않은 자식들까지 우리의 의회 내에서 심의할 수 있게 하는 것이 문제가 아니다. 그들이 자기 세대를 위해 아직 취득하지 못했다고 당신이 주장하는 것을 인가서에 의해 최소한 자

기들 세대 동안은 확실하게 취득했던 아버지들만이 문제인 것이다. 개인적으로 그들은 귀족이니, 그들 자신이 귀족 신분의 울타리 내에서 투표하는 것을 허용하라.

10 (저자주) 렌 지방 법원의 검사들과 몇몇 지방 공무원들 등은 벌써 그들을 인민과 구별시켜주는 모든 면제나 특권을 포기하는 좋은 본보기를 보여주었다.

11 (저자주) 특권의 공유는 여러 신분들을 서로 가깝게 해주는 가장 좋은 방법이자, 여러 신분들을 하나의 전체 국민으로 바꾸는 법률, 즉 법률 중에서 가장 중요한 법률을 준비하는 데 가장 훌륭한 방법임이 틀림없다.

12 (저자주) 귀족들이 자신의 사적인 병사로 하여금 자기 대신 군역하도록 하는 것에 대한 나의 충격을 강조하지 않을 수 없다! 이것은 사람들이 시대에 뒤떨어지는 많은 주장들을 결합시키고자 하는 유일한 평계를 대단히 고차적으로 경멸하는 것이다! 이것이 군주를 위해 흘려진 피가 아니라면 사람들이 무엇 때문에 대가를 요구할 것인가? 칼론수상은 이 영원한 상투적 문장을 불멸의 조롱거리로 강타했다. "그러면 인민의 피는 물이었다는 말인가!"

13 (옮긴이주) la chose의 라틴어 어원은 Res로서, la chose publique는 어원적으로 보면 Res Publica(공화국 또는 국가)라고 할 수 있으며, 특히 국가 행정이나 공적 업무 또는 정치 활동을 의미한다.

14 (저자주) 12월 27일 내각 회의 결과에 의해서 제3신분에게 두 번째 요구는 인정되었으나 세 번째 요구에 대해서는 아무런 해명이 없었으며, 첫 번째 요구는 대단히 단호하게 거부되었다. 그러나 어느 하나라도 없으면 다른 것은 다 진행될 수 없다는 것은 명백하지 않은가? 그것들은 하나의 전체를 형성하고 있다. 하나를 파괴하는 것은 세 가지 모두를 무효화하는 것이다. 헌법에 관계되는 모든 것에 대

해 결정하는 것이 누구에게 속하는 일인지는 후술할 것이다.

15 (저자주) 그들은 향후에는 잘 구성되기를 원한다고 말하고 있으며, 겸손한 체하면서, 자신들이 잘못된 떼거리였다는 것을 전제로 하고 있기 때문에, 우쭐대게 만드는 이러한 의도 속에서 그들은 법복 귀족의 모든 자리가 오늘날 그것을 차지하고 있는 집안들 이외에는 거의 차지될 수 없도록 하는 조치를 취했다. 모든 권력을 탐내는 귀족주의에 대해서는 전술했음을 기억할 것이다.

16 (저자주) 이 원칙은 가장 중요한 것이다. 이것은 추후 상술될 것이다.

17 (저자주) 이 첨병들 측의 수많은 행패가 아직까지 시골 사람들을 몹시 슬프게 하고 있다. 특권 신분은 그 신분만큼이나 귀찮은 어떤 꼬리를 질질 끌고 다닌다고 말할 수 있다. 백 개의 팔을 가진 세무 공무원은 인민들에 대해서는 거의 진지하게 검토하지 않는다. 음! 마치 봉건 제도의 앞잡이들이, 귀족 정치에 종속되어 살아가고 있는 모든 명칭이나 제복의 사람들이 실제로는 제3신분에 속해 있었다는 듯이, 인민의 진정한 적은 제3신분 내에 있다는 점을 인민에게 암시하기 위해 귀족들이 감히 그렇게 많은 악행의 자격을 얻는다는 것은 상상할 수 없는 일 아닌가? 인민의 가장 위험한 적들이, 특권자들이 자신들의 용무를 위해 고용하고 있는 신분이라는 이름 하에서가 아니더라도, 국민적 이익으로부터 격리된 이 계급들에 속해 있다는 것은 너무도 뻔한 사실이다. 프랑스에서, 네덜란드에서, 그리고 도처에서 우리는 사회의 최하 계층과 특권 계급들 간에 이루어지는 자연적 결합의 가공할 만한 사례들을 볼 수 있다. 진실을 말하면, 세계의 모든 나라에서, La C···는 귀족에게 속한다.

18 (저자주) 세습 재산적 법무직! 이것보다 더 건전한 정치에 반하는 것을 상상하기 어렵다. 봉건적 무질서의 폐허를 가장 많이 쌓아 올린 자들, 이 음울한 축적술에 법률 형식이라는 외양을 입혀놓고 아

마도 여기에 새로운 함정의 씨앗을 뿌린 자들, 그들은 법률 고문들임이 틀림없다. 여기서 공적 작용을 무력화하기 위해서는, 그리고 소위 군주정치제를 취하고 있는 국가에서 수천 조각으로 깨진 왕권과 적당한 소유주로 변형된 도적들을 아무런 동요 없이 보기 위해서는 재산에 대해 독특한 생각을 가져야 한다. 구체적으로 개념화되지 못한 재산이라는 용어 하에서 사람들은 진정한 재산에 가장 반하는 것, 예를 들면 타인에게 해를 미치는 권리 같은 것이 여기에 스며들 수 있었다는 걸 깨닫지 못할 것인가? 소유 기간이 아무리 길다고 하더라도 그러한 무질서를 정당화할 수 있는 소유가 있는가? 당연히 개인의 재산이 될 수도 없고 주권적 의무로부터도 분리될 수 없는 공적 작용에 대해서는 우리는 더 이상 언급하지 않는다. 나는 공통의 재산 또는 공통의 자유에 대한 명백한 침해에 대해 말하고 있는 것이다. 나는 봉건 영주가 어떤 유래로 가신들을 필요로 하는지 설명을 듣고 싶다. 이러한 형이상학적 관계(나는 여기서 금전적 또는 현실적 의무에 대해 말하고 있는 것이 결코 아니기 때문에)바 바람직한 정치적 결사에 해당하는가? 재산이라는 용어의 후견에 힘입은 현실적인 도둑질, 결코 소멸 시효가 없는 그러한 도둑질이 감춰질 수 있음은 분명하다. 경찰이 없어서 불한당이 더욱 굳건히 대로상에 자리를 잡았다고 가정해보자. 불한당이 통행세에 대해 진정한 권리를 가질 수 있겠는가? 만약 그가 옛날에는 꽤 흔했던 이런 종류의 독점을 선의의 승계자에게 팔았다면 그 권리는 취득자의 수중에서 보다 존경할 만한 것이 될까? 왜 우리는 항상 권리의 복원을 절도보다 더 불가능하거나 또는 덜 정당한 행위로 간주하는가? 셋째, 법적인 뿌리는 갖고 있지만 그럼에도 불구하고 공적인 것에 해롭다고 판단될 수 있는 소유 취득이 있다. 이것에는 당연히 보상금이 예정되어 있으나, 그러나 이러한 소유 취득 역시 소멸시켜야 한다. 이렇게 당연하고 이렇게 필요한 정치적 선별이 이루어지고 나면, 재산이라는 신성화된 이름 앞에서 우리 모두 무릎을 꿇게 되리라는 것을 믿으라. 재산을 가장 적게 소유한 사람이 가장 많이 소유한 사람보다 이에 대해 더 관심이 적다고 생각하지 말라. 특히 거짓된 것을 꼬집는 것을 두고 진정한 재산la véritable propriété을 공격하는 것이라고 생각하지 말라.

19 (저자주) 어떤 귀족이 자신이 제3신분의 주장이라고 일컫는 것에 대해 빈정거리고 싶어 할 때 그는 항상 이 신분을 자신의 마구공 구두 장수 등으로 혼동하는 체하며, 따라서 그 사람들에 대해 말할 때 경멸을 불러일으키기에 가장 적합하다고 생각되는 언어를 선택한다. 그러나 덜 고상한 직업들이 전체 국민의 명예를 훼손하고 있지 않은데 어떻게 이러한 직업들이 제3신분의 품위를 손상시킬 수 있겠는가?…반대로 사람들은 제3신분 내에 분열의 씨앗을 뿌리고자 할 때, 제3신분을 능숙하게 다른 계급들과 구별시킬 줄 알며, 어느 한쪽과 다른 한쪽이, 도시 주민과 농촌 주민이 서로 맞서도록 선동하고 자극한다. 가난한 자들과 부자들이 서로 맞서게 한다. 모든 것을 말하도록 허용된다면, 나로서는 세련된 위선 행위의 희롱적 성격에 대해 할 말이 얼마나 많은지! 당신이 무슨 짓을 해도, 인간을 구별하는 것은 직업의 차이도, 재산의 차이도, 지식의 차이도 아니다. 그것은 이익의 차이다. 현재의 질문 속에는 특권 계급의 이익과 비특권 계급의 이익이라는 두 가지만 존재하고 있으며, 제3신분의 모든 계층은 특권층의 탄압에 대항하는 공통적 이익으로 결속되어 있다.

20 (저자주) 이 점에 관해서 살펴보면, 성직자의 총수에서 집단 수도 승les couvents은 포함시켜두고 수사와 수녀를 제외하면 7만 명이 남게 되는데 이들은 진정 시민, 납세자이며 유권자 자격을 갖고 있다.

귀족 신분 중에서는 비납세자이며 비유권자인 여성과 아이들을 제외할 경우 이런 자격을 갖는 사람은 3만 내지 4만에 불과할 것이며, 따라서 전체 국민 대표에서 성직자는 상대적으로 귀족보다 매우 큰 집단이다. 나는 이렇게 보고 있으며, 이것은 분명 현재의 선입견의 물결을 거스르는 것이다. 나는 권력자 앞에서는 무릎을 꿇지 않을 것이며, 맹목적인 홍보에 이끌린 제3신분이 귀족에게 성직자보다 두 배 이상 많은 대표자를 갖게 해주는 규정을 찬양하면 이것은 이성도, 정의도, 제3신분의 이익도 고려한 것이 아니라고 제3신분에게 말하겠다. 민중은 모든것을 순간의 선입견을 통해서밖에 볼 수 없는 것인가? 성직자란 무엇인가? 교육과 종교의 공적 작용을 부담하고 있는 수임자 기관이다. 이 기관의 내부 행정을 바꾸고 다소간 이 기관을 개혁하라. 그러나 나름대로 이런저런 형식이 있어야 한다. 이 기관은 결코 배타적인 특권 계급이 아니고 모든 시민에게 열려 있으며, 국가에 아무런 비용도 부담시키지 않는 식으로 설립된다. 따라서 본당 신부들에 대해서만 왕실 재산에서 비용을 치르게 하는 정도만 생각해보라. 교회 재산의 현저한 감소를 초래하게 될 납세액의 증대는 깜짝 놀랄 만한 수준일 것이다. 따라서 이 기관은 기관이 되지 않을 수가 없으며, 또한 이 기관은 정부의 위계질서 내에 있다. 반면, 귀족은 귀족이 경멸하는 제3신분과 분리되어 있는 배타적 신분이다. 이것은 결코 공무원 기관이 아니다. 귀족의 특권은 모든 업무와 별개로 개인에게 결부되어 있으며, 아무리 강력한 이유를 제시하더라도 그의 존재가 정당화될 수 없다. 성직자는 매일같이 특권을 잃어가고 있는 반면에 귀족은 특권을 유지하고 있다. 특권을 키우고 있다고나 할까? 군 입대를 위해서 능력이나 좋은 소질에 대한 증거가 아니라, 제3신분이 군역에서 배제되게 만들어준 요인인 바로 그 귀족 증명서를 요구하는 이러한 칙령이 나타난 것이 우리시대에서가 아닌가! 최고 법원은 봉건 영주의 압제에 대항해 인민을 지지하고 다소 견고히 하기 위해 의도적으로 설립된 것 같았다. 그러나 최고 법원은 역할을 바꿔야 한다고 생각했다. 대단히 최근에 최고 법원은 재판관과 의장 등의 모든 자리를 예외 없이 귀족에게 영원히 선물로 바쳤다. 1787년 명사 회의에서 귀족은 지방 의회와 도처에서 상석권이 머지않아 귀족과 성직자 사이에서 왔다 갔다 하게 했다. 그리고 이러한 상석권의 배분을 요구함으로써 귀족은 내각에 의해 동일하게 여기에 소집된 인민을 결과적으로 배제시킨 것이 아닌가? 또한 제3신분에게 보상하기 위해서, 제1신분 내에서의 의장을 선택할 권한만을 제3신분에게 부여했다면!…결국, 매일 약해지고 있는 그들로 20분의 19를 구성하고 있는 신분, 그리고 특권층이 공통 신분과 점점 가까워져야 할 것처럼 보이는 시기에도 반대로 점점 더 서로를 차별하는 방법을 모색하고 있는 신분 중에서 제3신분으로서 가장 두려워할 신분은 어느 것이겠는가? 성직자 중에서 본당 신부들이 어쩔 수 없는 형세에 의해 그들에게 안겨진 역할을 맡게 될 때, 제3신분은 자신들이 성직자의 영향력보다는 오히려 귀족의 영향력을 감소시키는 데 얼마나 관심이 있는지를 알게 될 것이다.

21 (저자주) 지방 의회의 보고서들 참조.

22 (저자주) 사회 계약을 다른 식으로 이해할 수는 없다. 사회 계약은 계약 참여자를 서로 묶어주는 것이다. 인민과 그 정부 간의 계약을 상정하는 것은 잘못된 것이며 위험한 생각이다. 전체 국민은 그 수임자와 계약하는 것이 아니라 권력의 행사를 위임하는 것이다.

23 (옮긴이주) 프랑스의 기사들에게 자비를 베풀거나 명예를 버리도록 요구하는 것은 대단히 드문 일이기 때문에, 이러한 경우에는 오랫동안 인구에 회자되며 칭송되는 것이 일반적이라 하겠다.

24 (옮긴이주) 제1신분과 제2신분이 향유하고 있던 조세 면제에 대한 포기 행위를 말한다.

25 (저자주) 사람들이 특권자들의 금전상 면제의 포기를 이루어내는 것을 대단히 중요하게 생각하고 있지만 나로서는 이를 인정할 수 없음을 밝힌다. 조세에 대한 합의는 최소한 다른 신분들과 마찬가지로 제3신분에 있어서도 헌법적인 것이기 때문에, 세 신분에 동시에 부과되지 않는 어떠한 의무도 부담하지 않고자 한다고 선언하는 것으로 충분하다는 것을 제3신분은 모르고 있는 것 같다.

신문과 잡지를 가득 채우고 있는 감사의 글을 모든 과시에도 불구하고, 너무나 간청된 이러한 포기가 대부분의 선거구에서 이루어졌다는데 대해 나는 더 이상 만족할 수 없다. 귀족은 재산에 대한 신성한 권리⋯귀족에 속하는 특권⋯군주 정치와의 본질적인 구별을 유보하고 있다고 우리는 신문과 잡지를 통해 읽고 있다. 첫째, 제3신분이 재산에 대한 신성한 권리의 유보에 대해 다음과 같이 대답하지 않았다는 것이 놀랍다. 그 권리를 유보하는 것은 국민에게도 유리한 일이었지만 그러한 방향성으로 거스르게 되는 것이 무엇일지 모르겠다고. 신분들이 각각 따로따로 생각하고자 할 경우, 다른 신분으로부터 경계되어야 할 가장 많은 이유를 가진 신분이 세 신분 중 어느 것인지는 물론 역사가 가르쳐줄 것이라고. 한마디로, 제3신분은 '당신들이 우리를 털어 가지 않는다면, 우리는 세금을 잘 납부할 것이다'라는 말의 의미를 오직 배상하지 않는 불법 행위로밖에 볼 수 없다고. 둘째, 국민이 결코 부여하지 않았음에도 국민의 일부분에 속해 있는 특권이란 것이 무엇인가? 우리가 특권들에서 군인의 권한 이외의 기원을 알 경우 우리의 평가를 받는 것 자체를 중단하게 될 그 특권! 마지막으로, 군주 정치의 필수가 무엇인지, 즉 군주 정치를 본질적으로 구별해주는 것이 무엇인지 사람들은 아직 충분히 이해하고 있지 못하다. 우리가 알고 있는 어떤 구별도, 심지어 군주의 4륜 마차에 올라타는 구별조차도, 군주 정치의 존립에 필수라고 말하는 것이 진실일 정도로 우리에게 그다지 중요해 보이지 않는다.

26 (저자주) 어느 한 귀족이 말했다. "사람들은 우리가 특권을 누리고 있다고 불평하는데, 그 수많은 특권이 도대체 어디에 있는지 나에게 가르쳐주기 바라오." 인민의 한 친구가 대답했다. "오히려 특권들이 어디에 없는지를 대답해주시오." 특권 신분에서는 모든 것이 특권을 발산한다. 단순한 시민에게서라면 매우 이상하게 여겨질 그런 질문 태도에 이르기까지, 그리고 자신의 영혼 깊숙한 곳에서 잘 해결되어 있는 그런 문제를 제기하는 확신에 찬 어조에 이르기까지. 그러나 모든 특권들이 단 하나로 줄어든다 하더라도 나는 아직 이를 허용할 수 없다. 그런데! 특권은 특권 계급의 자연인 수만큼 축적되었을 것이라고 당신은 느끼지 않는가?

27 (저자주) 여기서는 공민적 권리의 불평등에 대해서만 문제 삼았으며, 정치적 권리의 엄청난 불평등에 대한 올바른 개념은 이어지는 두 장에서 서술할 것이다.

28 (저자주) 이미 알려진 바와 같이 지세를 일반 보조금으로 대체하는 데 만족하면, 지세의 폐지는 특권 신분들에게는 금전적으로 보다 이익이 될 것이라는 점을 살펴보고자 한다. 그들은 보다 적게 납부하게 될 텐데, 나는 이를 증명하고자 한다. ① 대인적 지세 방식을 취하는 지방에서는 실제로 토지 소유주만이 이 세금을 납부하고 있음을 우리는 대단히 잘 알고 있다. 당신이 부담하고 있다고 말할 수 있는 소작농의 인두세는 그만큼 임대차 비용을 증가시킬 것이다. 이는 알려진 진실이다. 그러므로 지세를 모든 재산에 대해서, 심지어 현재는 이러한 부담의 대상이 아닌 것에 대해서도 동일하게

부담시키는 세금으로 대체하면 당신은 현재 지세를 부담하고 있는 재산의 총액분에서 현재 지세가 면제되어 있는 재산에 의해 납부되어야 할 대체 세금의 모든 할당분만큼을 공제받게 될 것임이 분명하다. 소작된 토지가 이러한 세금의 상당 부분을 납부하고 있는 만큼, 이러한 토지 전체를 고려할 때 대단히 많은 공제분이 있을 것이 확실하다. 그러나 이러한 토지들은 특히 특권 신분에 속한 것이며, 따라서 나는 이들이 세금을 적게 납부 하게 될 것이라고 말하는 바이다.

② 대물적 지세 방식을 추구하는 지방에서는, 농촌의 재산은 가치 높은 귀족 재산에 부담시키는 대체 세금의 모든 부분에서 경감될 것이다. 이러한 환산은 토지 소유주의 개인적인 자격에 대한 고려 없이 이루어질 것이다. 그러므로 대부분의 가치 높은 토지와 대부분의 농촌 재산이 어느 신분의 시민에게 속한 것인지를 무시하게 될 텐데, 지세의 폐지에 따른 특별한 장점이나 단점이 더 이상 오로지 귀족에게만 돌아가게 해서는 안 된다.

부유한 영주들은 지세, 봉토세 등의 폐지는 그들의 가신들 간의 이동을 부추길 것이고, 토지의 가치를 높일 것이며, 결과적으로 지세 폐지가 그들에게 금전적인 새로운 이익을 가져다줄 수 있다고 대단히 신중하게 생각하고 있다. 지세는 소작농에게는 확실히 잘못 확립된 것이다. 그러나 지주들이 소작을 주는 모든 토지에 대하여 지주 자신과 다른 이름으로 지세를 부담하게 함으로써 이것은 완벽하게 정치적인 세금이 될 것이며, 이로써 소지주들로 하여금 자신들의 재산의 관리를 포기하지 않게 할 것이며, 대지주의 나태함 때문에 야기된 벌금이나 금지세의 자리를 메우게 될 것이다.

29 (저자주)《실행 방법에 관한 고찰*Vues sur les moyens d'exécution*》, 87~91쪽 참조.

(옮긴이주) 이 책은《1789년 프랑스의 대표자들이 취할 수 있는 실행 방법에 관한 고찰*Vues sur les moyens d'exécution dont les représentants de la France pourront disposer en 1789*》을 말한다.

30 (저자주) 상원 의원들조차 하나의 명백한 신분을 구성하고 있지 않다. 영국에는 전체 국민이라는 단 하나의 신분만 있다. 귀족원의 구성원은 입법권의 일부와 중요한 사법 작용을 수행하기 위해 법률에 의해 임명된 훌륭한 수임자이다. 귀족원 구성원의 형제들은 형의 특권을 나누어 갖지 않기 때문에, 귀족원의 구성원은 공적 작용에 관계없이 신분에 의해 당연스럽게 특권 계급이 된 사람이 아니다. 이러한 훌륭한 임무들은 출생 또는 오히려 장자의 자격에 결부돼 있는 것이 사실이다. 이는 100년 전에도 여전히 우세했던 봉건주의에 대한 경의의 표시이며, 또한 선거가 초래할 수 있는 시민적 갈등을 피하기 위해 군주가 세습적이 되었다면 단순한 귀족의 임명 같은 것에는 더 이상 두려워할 것이 없다는 점에서 시대에 뒤진 우스꽝스러운 제도이다.

31 (저자주) 이 책의 초판 이래 내가 여기서 기술하고 있는 소망을 매우 유사하게 가득 언급한 우수한 저서가 출판되었다. 291쪽 분량의 이 책자는《미국 헌법과 비교한 영국 정부 고찰*Examen du Gouverne-ment d'Angleterre, comparé aux Constitutions des États-Unis*》이다.

32 (저자주) 영국에서 정부는 각료와 대립적인 귀족 간의 끊임없는 투쟁의 주체이다. 여기에서 군주와 전체 국민은 거의 단순한 구경꾼으로 보인다. 군주의 정치는 항상 가장 강한 측을 채택하는 것이다. 전체 국민은 이쪽과 저쪽을 모두 두려워한다. 전체 국민의 안녕을 위해서는 그 투쟁이 지속되는 것이 필요하며, 따라서 투쟁판이 완전히 정벌되지 않도록 하기 위해 전체 국민은 가장 약한 쪽을 지지한다. 그러나 인민이 이러한 검투사들의 투쟁이라는 비싼 값을 치

러가며 그들의 엄무가 조종되도록 내버려두는 대신에 진정한 대표
자를 통해 스스로 그 싸움에 참여하고자 한다면, 오늘날 권력의 균
형과 결부된 모든 중요성이 그 균형을 유일하게 필요로 하는 본성
적 질서와 함께 찾아오지 않겠냐고 진심으로 믿을 수 있을까?

33 (옮긴이주) 정치사상가들은 자신의 논리와 세계관에 따라 정치사
회를 구상하게 되는데, 시에예스는 이를 특히 l'art social이라 부르
고 있다.

34 (옮긴이주) 시에예스는 l'architecture sociale을 l'art social과 유사한
용어로 사용하고 있다.

35 (저자주) 헌법이 단순하면서도 잘 만들어졌으면 주의해야 할 점이
그다지 많지 않다. 복잡하고, 사실상 충분히 합의되지 않은 헌법을
가진 국가에서는 주의할 점이 끝없이 늘어난다. 그러한 점들은 연
구의 대상이다. 헌법은 학문이 되며, 본질적이라 할 수 있는 것, 즉
내부 조직에 관한 것은 순수한 장식물의 학문적 더미로 인해 상실
되어버리거나 또는 짓눌려버린다.

36 (저자주) 서로 합의되지 않은 진정한 방법은 모든 사회적 신분을
헌법의 이름 하에 뒤섞는 것이라고만 말해두자.

37 (저자주) 영국에서는 평민원이 전체 국민을 대표한다고 이야기된
다. 이것은 정확하지 않다. 아마 내가 이미 언급했을 텐데, 다시 한번
말하자면, 만약 평민원만이 전체 국민의 모든 의사를 대표한다면 평
민원만이 모든 입법 기관을 구성할 것이다. 평민원은 세 개의 입법
기관 중 하나에 지나지 않는다고 헌법이 정하고 있으므로 군주와 상
원 의원들도 당연히 전체 국민의 대표자로 간주되어야 한다.

38 (옮긴이주) 헌법에 관한 이견이 생기는 경우에는 국민만이 결정할
수 있고, 헌법에 의해 성립되거나 구성된 기관에서는 결정할 수 없
으며, 다만 이 기관에게 결정에 대한 청언은 행할 수 있을 것이라고

볼 수 있다.

39 (저자주) 이러한 원칙들은 당시 영국에서 피트Pitt와 폭스Fox 간에 토론된 문제를 명확하게 해결하고 있다. 폭스는 전체 국민이 자기가 마음에 두고 있는 사람에게, 그리고 마음에 두고 있는 대로 섭정권을 부여하는 것을 원하지 않는데 이는 잘못된 것이다. 법률은 어디에서도 제정되지 않으며, 전체 국민만이 제정할 수 있다. 피트는 의회를 통해 문제를 해결하고자 한다는 점에서 잘못 생각하고 있다. 의회는 불완전하고 무능하다. 의회의 세 번째 부분인 군주가 원하는 것을 할 수 없기 때문이다. 두 개의 의회는 하나의 법규를 잘 준비할 수 있지, 결코 그것을 재가할 수는 없다. 나는 재가한다는 이 말을 오늘날 사용되는 의미로 사용하고 있다. 그러므로 전체 국민에게 특별 대표를 요구해야 한다…. 사람들은 그러한 일을 전혀 하지 않을 것이다. 그것은 훌륭한 헌법의 시대일 것이다. 어떠한 내각도 어떠한 야당도 훌륭한 헌법을 원하지 않는다. 우리는 우리의 존재 형식들과 밀접한 관계를 갖고 있고, 그 형식들이 아무리 결점이 있어도 가장 훌륭한 사회 질서보다 그것을 선호한다. 쇠약한 노인이 아무리 생기발랄하고 활발한 젊은이가 될 수 있다고 해도 죽음으로써 위안을 찾는 것을 본 적이 없는가? 다른 모든 생명체와 마찬가지로 정치적 기관도 최후의 순간에 이를 때까지 가능한 한 스스로를 방어한다.

40 (저자주) 대부분의 귀족들은 그들이 전제주의를 선호하기 때문에 마음속으로 두려워하는 일련의 행동들을 군주 권력에 대항하는 폭동으로 왜곡시키려 하는데, 이는 현실적으로 대단히 우스꽝스러운 일이다. 귀족들은 이 가엾은 제3신분에게서 비롯되는 모든 에너지를 부정하고, 그들이 내각 자체의 조종이라고 부르는 것을 이용해서만 이 제3신분의 용기를 따지는데, 그러나 그들은 군주에 대항하

는 폭도의 집합으로서의 제3신분을 대표하는 데 결코 두려워하지 않는다. 귀족들은 자기들끼리 이렇게 말한다. '폐하, 우리를 귀족에게 갉아먹히게 내버려두지 않으시려면 당신이 원하시는 것을 우리를 통해 행하게 하십시오'라는 탄원과 사실상 매우 흡사한 제3신분의 말보다 자유에 더 위험한 것은 없다고, 동시에 귀족들은 군주에게 상소한다. "인민은 폐하의 옥좌를 노리고 있으니 유의하시오. 인민은 군주제를 정복하고자 계획하고 있습니다." 이러한 사고라면, 귀족 정치의 방향에 항상 맹목적이고 항상 미신적으로 순종하는 하층민과 통합함으로써 하층민을 이 귀족 정치에 발맞추도록 선동하는 데까지 왜 나아가지 않겠는가? 또한 '당신네 제3신분이라는 게 바로 이 지경이다!'라는 구실도 마련해둘 것이다. 그러나 도처에서 정직한 사람들은 '역시 귀족들이란!'이라고 대꾸할 것이다. 이렇지만 않다면 이 시기에 우리는 얼마나 수월하게 세계의 일등 국민, 즉 가장 행복한 국민이 될까!

41 (옮긴이주) 여기에서의 morale은 도덕이나 윤리보다는 다소 규범적 성격이 강하다고 할 수 있다.

42 (저자주) '귀족 정치는 결코 원하지 않는다'라는 말은 전체 국민과 선량한 신분의 모든 동료들이 가담한 함성일 것이다. 귀족들은 '민주주의를 결코 원하지 않는다'라는 말로 대응할 것이다. 그러나 사람들은 그들에게 동의하며 혹은 그들에게 반대하며 '민주주의는 결코 원하지 않는다'를 반복할 것이다. 이분들은 대표자들이 결코 민주주의자들이 아니라는 것을 모르고 있다. 진정한 민주주의는 다수로 이루어진 인민에게서는 불가능하기 때문에 이것을 믿거나 이것을 두려워하는 체하는 것은 지각 없는 일이라는 것을 모르고 있다. 애통하게도 위선적인 민주주의만 존재하고 있으면 너무나 가능하다는 것을 모르고 있다. 위선적인 민주주의는 시민의 단체가 진정

한 민주주의 내에서 행사할 수 있는 권한인 인민의 위임과는 너무나 동떨어져 있고 너무나 가소로운 다른 어떠한 명목으로, 또는 당연히 출생에 의해서 보유하고 있다고 주장하는 한 특권 계급 속에 기거하고 있다는 것을 모르고 있다. 이러한 위선적 민주주의는, 우리가 군주제를 취하고 있다고 믿고 그렇게 일컫고 있는 나라, 그러나 하나의 특권적 신분이 정부, 권력, 모든 지위를 독점하고 있는 나라 안에, 위선적 민주주의의 영향이 초래한 모든 악폐와 함께 존재하고 있다. 당신이 두려워해야 하는 것은 바로 이 봉건적 민주주의이다. 이것은 매우 중요한 것을 보존하기 우해 공허한 공포를 끊임없이 불러일으키며, 또한 주재적 기관의 이름 밑에 선행에 대한 무능력을, 그리고 귀족 몽테스키외Montesquieu의 위압적 권력 밑에 악행에 대한 권력을 숨기고 있다. 어느 누구라도 이점을 생각해보고자 한다면, 가장 어리석은 선입견에 물들어 있다고 하더라도 귀족 신분은 인민의 이익뿐만 아니라 군주의 권력에도 반하는 것이 명백하다.

42 (저자주) 입법권을 단일한 기관보다 세 개의 기관 또는 의회에 의해 행사하도록 하는 것은 대단한 이점이 있다. 이 세 개의 의회를 서로 적대 관계에 있는 세 개의 신분으로 구성하게 하는 것은 극도로 부조리한 일이다. 그러므로 진정한 절충적 방법은 제3신분의 대표자들을 동일하게 삼등분하는 것이다. 이러한 타협에서 당신은 동일한 임무, 동일한 이익, 동일한 목적을 찾을 수 있을 것이다. 입법권의 당사자들을 균형 잡히게 한다는 생각에 몰두해, 이러한 분야에서는 영국 헌법 보다 나은 것이 없다고 생각하고 있는 사람들에게 이러한 충고를 보내고 싶다. 우리는 악행에 찬동하는 일 없이 선행을 받아들일 수는 없는 것일까? 게다가 전술한 바와 같이 영국민은 하나의 신분만 갖고 있어서, 또는 신분 제도를 갖고 있지 않으므

로, 다른 신분들로 우리의 입법적 균형을 구성해야 하는 국민 의회 Une Assemblée nationale는, 거듭거듭 말하지만 우리 이웃 영국의 입법적 균형보다 무한히 더 결점이 많을 것이다. 공통적 이익을 결여함이 없이, 오히려 역으로 본질적으로 이 이익을 구성하고 있는 중요한 활동들 간의 올바른 균형에 의해 공통적 이익을 보장하면서 입법 의회 형성을 해결하게 하는 이러한 원칙들에 대한 연구는 중요한 것이다. 이 문제는 다른 곳에서 다루게 될 것이다.

44 (저자주) 그럼에도 불구하고, 모든 대표를 공통으로 선출하기 위해서 각 선거구마다 세 신분의 소집을 요구하는 안을 잘 검토해보자. 이 안은 우리의 어려움에 대해 미리 대책을 강구하고 있는 듯이 보인다. 그러나 다른 한편으로 나는 이 안을, 정치적 권리의 평등을 수립하는 것으로 시작하지 않는 한 대단히 위험한 것이라고 보고 있다. 제3신분은 신분의 구별과, 절대적 과반수에 대한 소수자의 터무니없는 승리를 인식시키고 확립시키는 어떠한 계획에도 결코 동의해서는 안 된다. 이러한 경솔한 행동은 훌륭한 정치와 산수의 가장 단순한 원칙에 반하는 것이며, 마찬가지로 제3신분의 이익, 전체 국민의 이익에도 해로울 것이다.

45 (저자주) 《실행 방법에 관한 고찰》, 제3장 참조.

46 (저자주) 때에 따라서 난센스로 인해 재미있기도 하지만 의도적으로 경멸한 만한 것이기도 한, 갑남을녀들이 평등이라는 무서운 단어에 대해 우스꽝스럽게 지껄여대는 수다스러운 시시한 말들에 대해 나는 결코 답변할 의무가 없다. 이러한 악의에 찬 유치한 언동은 일시적인 것일 것이며, 이 시기가 지나면 어떤 저자는, 가엾은 횡설수설을 논박하기 위해 펜을 사용했다는 것을 대단히 부끄러워하게 될 것이다. 그때 가면 이 횡설수설은 오늘날 이것을 자랑스러워하는 바로 그 사람들까지 놀라게 하고 그들로 하여금 '이 작가가 우

리를 바보로 아는가!'라는 경멸적인 말을 내뱉게 할 것이기 때문이다.

47 (옮긴이주) 특권적 계급과 국민, 개별적 이익들과 시민과의 관계를 나타낸 것으로, 특권적 계급은 국민이 될 수 없으며 따라서 국민의 대표 자격이 없다는 논리를 전개하고 있다.

48 (저자주) 《특권론》 참조.

49 (옮긴이주) 삼부회의 대표 선출을 위한 일정은 진행되고 있으므로, 시에예스가 제시하고 있는 원칙들을 실현할 수 있는 시간적 여유가 없다는 표현으로 이해할 수 있다.

50 삼부회의 구성은 대단히 복잡한 선거 절차와 임명 등에 의해 이루어졌다. 신분별로 보면 성직자가 0.29, 귀족이 0.68, 제3신분이 0.67의 비율로 이루어져 있다. R. Chartier, "A propos des états généraux de 1614", *Revue d'Histoire moderne et contemporaine*, t. 23, 1976, 73쪽.

51 J. D. Bredin, *Qu'est-ce que le tiers-état?*(Paris: Flammaion, 1988).

52 이 책 62쪽 참조.

53 J. D. Bredin, Qu'est-ce que le tiers-état?, 16~17쪽.

54 이 책 93~94쪽 참조.

55 이 책 89쪽 참조.

56 이 책 116쪽 참조.

57 이 책 140쪽 참조.

58 이 책 138쪽 참조.

59 J. D. Bredin, *Sieyès, La Clé de la Révolution française*(Paris: Éditions de Fallois, 1988), 16쪽, 541쪽.

60 Carré de Malberg, *Contribution à la théorie générale de l'État*(Paris: Sirey, 1920~1922), t. 2, 195쪽.

61 P. Bastid, "La place de Sieyès dans l'historie des institutions", *Revue d'Historie politique et constitutionnelle*(1939년 1~3월), 306쪽; J. D. Bredin, Sieyès, La Clé de la Révolution française, 541쪽.

62 M. Forsyth, *Reason and Revolution, the political thought of the Abbé Sieyès*(New York: Leicester University Press, Homes et Meyr Inc., 1987).

63 F. A. Mignet, "Notice sur la vie de Sieyès, Revue des Deux Mondes (1837년 1월), 5쪽 이하.

64 J. D. Bredin, *Sieyès, La Clé de la Révolution française*, 542쪽.

65 이 책 97쪽 참조.

66 J. D. Bredin, Sieyès, La Clé de la Révolution française, 542쪽.

67 P. Bastid, "La place de Sieyès dans l'historie des institutions", 318 쪽.

68 다음을 참조하라. C. Clavreul, "La Représentation", *Revue française de théorie juridique*(1987), N° 6, 50쪽; J. D. Bredin, *Sieyès, La Clé de la Révolution française*, 543쪽.

69 시에예스가 언급하고 있는 완전한 재참여rétotale는 인민에 의한 완벽한 직접민주주의를 의미한다.

70 공화력 3년 테르미도르 2일에 담화문을 통해 시에예스는 인민주권 이론에 강력하게 반발했으며, 며칠 후인 테르미도르 15일에는 두번째 담화문을 통해 헌법심사원la Jurie constitutionnaire의 창설을 주장했다.

71 J. D. Bredin, *Sieyès, La Clé de la Révolution française*, 544쪽.

72 J. D. Bredin, *Sieyès, La Clé de la Révolution française*, 547쪽.

시에예스의 《제3신분이란 무엇인가》는 신분 사회를 타파하고 근대 시
민 사회를 태동시킨 이론서로서, 정치학·법학·사회학 등 사회과학 분야
의 필독서라고 할 수 있다. 그럼에도 우리나라에서는 이제야 번역이 이
루어지게 되었고, 그동안에는 일부 전문가들이 이 내용을 부분적으로
소개해왔을 뿐이다. 따라서 이해를 돕기 위해 함께 읽을 만한 국내 자료
로는 J. J. 루소의 《사회계약론》 정도 외에는 그다지 눈에 띄는 것이 없다.
간접적이긴 하지만 신분 제도 타파와 국민의 정치적 권리 신장을 다룬
책, 헌법 제정이나 헌법 재판과 관련된 자료 등을 참고하기 바라며, 프랑
스사, 프랑스 혁명사, 프랑스 삼부회, 프랑스 신분 제도 등에 관한 자료
도 유익하리라 생각된다.

장 자크 루소, 《사회계약론》, 이환 옮김(서울대학교출판부, 1999)
루소의 《사회계약론》은 너무나 잘 알려져 있는 고전이다. 국내에서도 이
미 여러 분야의 전문가들에 의해 번역된 바 있으며, 루소의 정치사상과
이 책에 대한 연구도 상당히 활발하게 전개되고 있다. 절대 왕정기임에
도 불구하고 자연권에 근거해 태어날 때의 자유롭고 평등한 인간 본연
의 모습을 되찾고자 목소리를 드높인 루소의 용기와 논리는 인류 사회

에 자유와 평등이 존재하는 한 결코 과소 평가되지 않을 것이다. 시에예스의 저서에 루소의《사회계약론》에 관한 언급은 없으나, 그가 사회 계약 자체에 대해 고찰하고 있는 점으로 미루어 보아《사회계약론》은 시에예스의 정치사상에도 영향을 미쳤음이 분명하다. 프랑스 혁명 때의 인민 주권 이론과 자연권 사상은 상당 부분 루소의 이론과 사상에 근거한 것이며, 시에예스의 국민 주권 이론을 이해하기 위해서도 루소의《사회계약론》에 관한 이해는 필수적이라 하겠다.

A. Soboul, La civilisation et la Révolution française(Paris: Arthaud, 1988)

프랑스의 아르토Arthaud 출판사가 기획한 세계 문화 대계 중 프랑스 혁명에 관한 저술이다. 국내에서도 이미 번역되어 많은 독자들에게 애독되고 있다. 프랑스 혁명의 원칙les principes과 방법les moyens으로 나누어 기술하는데, 시에예스와《제3신분이란 무엇인가》에 대해서도 여러 쪽에 걸쳐 언급한다. 프랑스 혁명뿐만 아니라 근대 프랑스를 태동시킨 시민 사회를 이해하는 데도 상당한 도움이 될 것이다.

J. D. Bredin, Sieyès, La Clé de la Révolution française(Paris: Éditions de Fallois, 1988)

시에예스를 이해함에 있어 반드시 읽어야 할 필독서라 할 수 있다. "정치학은 내가 완성한 것으로 알고 있는 학문이다La politique est une science que je crois avoir achevé"라는 시에예스의 말로 첫머리를 장식하고 있는 이 책은 전체 5장의 제목에 모두 시에예스가 구술을 통해 남긴 말들을 활용하고 있다. 본문이 550쪽에 달하는 방대한 저술인 만큼 참고 서적에 대해서도 거의 망라하고 있다.

Mardame de Staël, *Considérations sur la Révolution française*(Paris: Tallandier, 1983)

프랑스 혁명 기간과 나폴레옹 시대를 통틀어 프랑스의 가장 저명한 작가로는 샤토브리앙Chateaubriand과 함께 이 책의 저자인 스탈 부인이 꼽힌다. 스탈 부인은 루이 16세 때 재무상을 역임한 네케르 수상의 딸로 1766년 파리에서 태어났다. 이 책은 6장으로 구성되어 있으며 550쪽 정도의 방대한 분량을 갖추었다. 1818년에 스탈 부인이 출간한 책에다 1983년 그로드쇼Jacques Grodechot가 참고 문헌과 연대기를 보완하는 형태의 서문을 추가해 만든 책이다. 스탈 부인은 시에예스 생전에 이미 시에예스의 천재성을 높이 평가했던 인물이며, 이 점에서도 그녀의 혜안을 엿볼 수 있다. 프랑스 혁명을 이해하는 데 중요한 자료가 될 것으로 보인다.

P. Bastid, *Sieyès et sa pensée*(Paris: Economica, 1979)

시에예스의 《제3신분이란 무엇인가》와 그의 정치사상, 헌법 이론 등에 관해서는 프랑스에서 카레 드 말베르와 뒤기 등에 의해 부분적으로 1920년대에 이미 연구되었다. 이 책은 1939년 저자 바스티드의 법학박사 학위 논문으로 씌어진 것으로, 시에예스와 《제3신분이란 무엇인가》에 관한 본격적인 연구서에 해당한다. 같은 해 아셰트Hachette 출판사에서 같은 제목으로 출판되었으며, 1979년에 재출판되었다. 바스티드는 시에예스야말로 프랑스 헌법, 보다 넓게는 프랑스 공법의 아버지라고 평가한다.

R. Zapperi, *Qu'st-ce que le tiers-état?*(Genève: Livrairie Droz-Genève, 1970)

미국·영국·독일·이탈리아·스위스·일본 등 많은 국가에서 번역된 책이다. 228쪽인 이 책은 1부에서는 시에예스의 경제사상과 민주주의 이론,

제3신분, 시에예스의 생애 등을 다루며, 2부에는 《제3신분이란 무엇인가》를 실었다.

박인수 ispark@ynu.ac.kr

1955년 대구에서 태어났다. 르네상스 이후 신분사회를 근대 시민 사회로 탈바꿈시킨 프랑스 혁명이 헌법·민법·형법 등 근대 법학의 분수령으로 자리 잡고 있음을 보고, 서울대학교 대학원 법학과 박사 과정 재학 중에 프랑스로 유학을 떠났다. 파리 2대학에서 공법학으로 DEA 과정을 이수하고, 1987년 프랑스 정부 형태와 관련한 법학박사 학위청구 논문으로 같은 대학에서 법학박사 학위를 취득했다.

이후 전남대학교 법과대학 교수를 거쳐 영남대학교 법과대학에서 헌법학을 강의하고 있다. 한국공법학회로부터 2000년 학술장려상을 받았고, 2002년 학술진흥재단 해외 방문 교수로 선정되었으며, 2002~2003학년도 프랑스 파리 1대학 초청 교수로 활동하였다. 헌법 재판 이론과 제도·판례에 관심을 두고 있는 그는 프랑스에 체류하는 동안 약동하는 유럽연합l'Union Europenne을 보고 새로운 연구계획을 구상하게 되었다. 2006년 저술한《유럽헌법연구 I》(영남대학교출판부)은 문화관광부 우수학술도서로 선정된 바 있으며, 2011년 유럽연합 집행위원회의 지원을 받는 EU 센터를 영남대학교에 설립하고 2015년까지 운영하였다. 국내 공법학의 발전에 일조를 하고자 여러 학회에서도 활동하고 있으며, 한국공법학회·비교공법학회·유럽헌법학회에서는 학회장을 역임하기도 하였다. 저서로는《한국 헌법의 이해》,《법학개론》,《국민통합과 헌법》등이 있으며, 논문으로는 〈프랑스의 대통령 선거 제도〉, 〈국민통합정부제〉, 〈행정국가와 입법권〉, 〈헌법의 제정〉, 〈시에예스의 Nation과 헌법〉, 〈사이버안보와 법치주의〉, 〈자치형 지방분권국가 연구〉 등이 있다.

제3신분이란 무엇인가

초판 1쇄 발행 2003년 9월 30일
초판 5쇄 발행 2017년 10월 30일
개정 1판 1쇄 발행 2021년 12월 15일
개정 1판 2쇄 발행 2022년 11월 25일

지은이 E. J. 시에예스
옮긴이 박인수

펴낸이 김현태
펴낸곳 책세상
등록 1975년 5월 21일 제2017-000226호
주소 서울시 마포구 잔다리로 62-1, 3층(04031)
전화 02-704-1251
팩스 02-719-1258
이메일 editor@chaeksesang.com
광고·제휴 문의 creator@chaeksesang.com
홈페이지 chaeksesang.com
페이스북 /chaeksesang   **트위터** @chaeksesang
인스타그램 @chaeksesang   **네이버포스트** bkworldpub

ISBN 979-11-5931-803-0 04080
       979-11-5931-221-2 (세트)